Confidentialité sur les Réseaux Sociaux et Empreinte Numérique

Comment Protéger Votre Présence en Ligne, Limiter le Pistage et Contrôler Ce qu'Internet Sait de Vous

Par Joe Correa

Publié par Live Stronger Faster

Première édition

Table des Matières

Introduction

Dans le monde d'aujourd'hui, les réseaux sociaux ont évolué bien au-delà de leur objectif initial. Ce qui a commencé comme un outil permettant de rester en contact avec ses amis et de partager les moments marquants de sa vie est devenu un écosystème numérique où chacun de vos mouvements, pensées, photos, commentaires et mentions « J'aime » peut être surveillé, analysé et conservé — potentiellement pour toujours. Des plateformes comme Facebook, Instagram, TikTok, LinkedIn, X (anciennement Twitter) et Snapchat sont désormais profondément intégrées à notre quotidien. Pourtant, peu d'utilisateurs comprennent réellement ce qu'ils abandonnent en échange de cette commodité, de ce divertissement ou de cette validation éphémère.

Chaque fois que vous vous connectez, publiez du contenu, réagissez ou faites simplement défiler votre fil d'actualité, vous laissez derrière vous une trace de données — ce que les experts en cybersécurité appellent votre empreinte numérique. Cette empreinte contient bien plus que votre nom et votre photo de profil. Elle comprend des métadonnées telles que votre localisation précise, l'appareil que vous utilisez, votre liste de contacts, vos habitudes de navigation, vos réactions émotionnelles, vos préférences d'achat et même, dans certains cas, vos caractéristiques vocales ou faciales. La majeure partie de ces informations est collectée discrètement et souvent sans que vous en ayez pleinement conscience. Et la vérité est qu'une fois ces données diffusées, il est extrêmement difficile, voire impossible, de les récupérer ou de les effacer complètement.

Ce qui est encore plus préoccupant, c'est que votre empreinte numérique n'est pas uniquement utilisée pour « améliorer votre expérience utilisateur ». Elle est vendue, analysée et exploitée, souvent au profit d'annonceurs, de campagnes politiques et de courtiers en données. Les plateformes utilisent votre comportement pour prédire vos actions futures, tandis que les algorithmes sont conçus pour vous montrer du contenu susceptible de maintenir votre attention, même lorsque ce contenu est polarisant, trompeur ou nuisible. Cette toile invisible du capitalisme de surveillance signifie que votre vie en ligne n'est plus seulement votre affaire personnelle : elle est devenue une industrie extrêmement lucrative.

Ce livre a été conçu pour vous redonner le contrôle. Que vous soyez un utilisateur occasionnel partageant des nouvelles familiales, un entrepreneur faisant la promotion de son activité, un parent souhaitant protéger ses enfants ou simplement une personne cherchant à réduire son exposition numérique, vous découvrirez comment limiter les informations que l'Internet possède sur vous et comment cesser d'alimenter un système qui profite de vos données personnelles. Vous apprendrez des méthodes simples et concrètes pour nettoyer votre empreinte numérique, gérer les paramètres de vos comptes, prévenir les fuites de données et même réduire considérablement votre présence en ligne si vous le souhaitez.

Mais il ne s'agit pas seulement de renforcer vos paramètres de confidentialité ou de supprimer d'anciennes publications. Il s'agit aussi de comprendre le système dans son ensemble. Nous examinerons comment les plateformes de réseaux sociaux établissent des profils comportementaux détaillés, comment des comptes fantômes peuvent être créés à partir des données de vos amis et de vos contacts, et comment les courtiers en données collectent puis revendent vos informations personnelles. Vous découvrirez ce que sont réellement les métadonnées et pourquoi elles sont si importantes. Vous comprendrez également pourquoi les enfants et les adolescents sont particulièrement vulnérables aux atteintes à la vie privée dont les conséquences peuvent les suivre pendant toute leur existence.

Parallèlement, nous explorerons ce que signifie être un citoyen numérique conscient dans un monde qui encourage le partage excessif. Nous aborderons l'impact psychologique des réseaux sociaux, l'importance des périodes de déconnexion numérique et la manière de développer une relation plus saine avec ces plateformes, fondée sur l'intention plutôt que sur la dépendance. Vous apprendrez à séparer votre vie personnelle de votre vie professionnelle en ligne, à utiliser des outils d'anonymisation lorsque cela est nécessaire et à éviter les erreurs courantes qui peuvent nuire à votre réputation ou compromettre votre sécurité.

Ce livre ne suppose pas que vous allez abandonner totalement les réseaux sociaux. La plupart des gens ne le peuvent pas, et beaucoup ne le souhaitent pas. C'est pourquoi ce guide n'est pas contre la technologie. Il est en faveur de la confidentialité, de l'autonomie et du choix éclairé. Vous n'avez pas besoin de disparaître d'Internet. Vous devez simplement prendre conscience de ce que vous partagez, avec qui vous le partagez et de ce qui est fait de ces informations en coulisses.

Les réseaux sociaux ne sont pas intrinsèquement mauvais. Ce sont des outils. Et comme tout outil, ils peuvent être utilisés pour construire quelque chose de remarquable ou, au contraire, pour détruire la confiance, la vie privée et le bien-être. L'objectif de ce livre est de vous aider à comprendre comment utiliser les réseaux sociaux selon vos propres règles.

De vous donner les connaissances nécessaires pour que vous ne soyez plus un simple utilisateur passif dans le jeu de quelqu'un d'autre, mais un acteur conscient capable de façonner son identité numérique et de protéger ses limites personnelles.

Votre vie numérique vous appartient. Assurons-nous que vous soyez réellement celui ou celle qui en garde le contrôle.

Chapitre 1 : L'Empreinte Numérique Dont Vous Ignoriez l'Existence

La plupart des gens ne réalisent pas qu'ils laissent derrière eux une trace chaque fois qu'ils interagissent avec Internet. Cette trace s'appelle une empreinte numérique, et elle est bien plus détaillée et permanente que ce que la majorité des utilisateurs imaginent. Il ne s'agit pas seulement de vos publications ou de vos photos de profil, mais également des données invisibles créées et collectées à partir de vos comportements en ligne, que vous soyez connecté à un compte ou non. Chaque fois que vous cliquez sur un lien, aimez un commentaire, installez une application ou utilisez un service de cartographie, vous enrichissez cette empreinte numérique.

Il existe deux types d'empreintes numériques : l'empreinte active et l'empreinte passive. L'empreinte active comprend tout ce que vous publiez ou partagez volontairement, comme le téléchargement d'une photo sur Instagram ou la publication d'un commentaire sous une vidéo YouTube. L'empreinte passive, en revanche, est créée sans que vous en ayez conscience. Elle inclut les données collectées par les cookies, les traceurs, les adresses IP, les signaux GPS, les identifiants d'appareils et les outils d'analyse comportementale. Dès l'instant où vous visitez un site web, faites défiler une page ou vous arrêtez sur une vidéo, même sans cliquer, vous contribuez à cette empreinte passive.

Ce qui est encore plus inquiétant, c'est que ces données sont souvent collectées sur plusieurs plateformes, regroupées et conservées pendant une durée indéterminée. Les entreprises de réseaux sociaux, les annonceurs et même les courtiers en données tiers utilisent des technologies de suivi afin de créer des profils extrêmement détaillés des utilisateurs. Ces profils sont ensuite vendus, analysés et utilisés pour prédire vos comportements futurs. Ils peuvent connaître votre âge, votre niveau de revenu, vos opinions politiques, votre état émotionnel ou même vos habitudes de sommeil, simplement en analysant votre comportement numérique.

La plupart des utilisateurs pensent que supprimer une publication ou un compte signifie que les données disparaissent définitivement. Pourtant, c'est loin d'être le cas. Les sauvegardes de données, les journaux d'accès de tiers, les contenus mis en cache et les captures d'écran permettent à l'information de survivre longtemps après sa suppression apparente. Même lorsque vous effacez vos données, certaines plateformes peuvent continuer à les conserver en vertu de clauses de « conservation des données » souvent vagues figurant dans leurs politiques de confidentialité. Certains courtiers en données collectent des informations à partir de registres publics, tandis que d'autres explorent les réseaux sociaux ou achètent des données auprès d'applications aux politiques de confidentialité peu strictes. L'utilisateur moyen ignore souvent combien d'organisations possèdent ses informations personnelles et comment elles sont utilisées.

Ce manque de visibilité peut avoir des conséquences importantes. Les employeurs, les universités, les propriétaires immobiliers et même les partenaires potentiels effectuent régulièrement des recherches en ligne sur les personnes. Un commentaire offensant, une photo embarrassante ou une identification erronée datant de plusieurs années peut nuire à votre réputation. Dans certains pays, votre empreinte numérique peut même influencer votre cote de crédit ou vos demandes de visa. Entre de mauvaises mains, des informations aussi simples que votre adresse courriel ou votre date de naissance peuvent être utilisées pour réinitialiser vos comptes ou commettre une usurpation d'identité.

L'idée d'une archive permanente et consultable de votre vie numérique peut sembler relever de la science-fiction, mais elle existe déjà. Les moteurs de recherche conservent souvent des informations longtemps après leur suppression à la source. Les technologies de reconnaissance faciale peuvent relier vos profils sociaux même si vous avez changé de nom. L'intelligence artificielle peut identifier des personnes apparaissant dans des photos de groupe sans qu'elles aient jamais accepté d'être identifiées. Quant aux annonceurs tiers, ils peuvent croiser différentes bases de données pour vous reconnaître avec une précision surprenante.

Heureusement, il existe des moyens de réduire votre empreinte numérique. Vous pouvez commencer par effectuer un audit personnel de vos données : recherchez votre nom, votre adresse électronique et vos pseudonymes sur les moteurs de recherche. Vérifiez quelles informations sont accessibles publiquement. Supprimez les anciens comptes ou les applications inutilisées. Mettez à jour les paramètres de confidentialité sur toutes vos plateformes. Utilisez des moteurs de recherche et des navigateurs respectueux de la vie privée, tels que DuckDuckGo ou Brave. Désactivez l'historique de localisation et la personnalisation publicitaire lorsque cela est possible. Soyez sélectif quant à ce que vous publiez et partez du principe que tout ce qui est partagé en ligne pourrait devenir public pour toujours.

Votre meilleure protection reste la sensibilisation. Comprenez qu'Internet n'est pas un espace privé, même lorsque certaines plateformes prétendent le contraire. Les paramètres de confidentialité peuvent aider, mais ils n'éliminent pas le suivi. N'oubliez jamais que les plateformes de réseaux sociaux sont des entreprises dont le modèle économique repose sur la monétisation de vos données. Plus vous êtes informé, plus vos choix numériques deviennent réfléchis et intentionnels.

Votre empreinte numérique est bien plus qu'un simple ensemble de données : elle reflète votre identité, vos habitudes et vos valeurs. En comprenant comment elle se forme et où elle mène, vous pouvez reprendre le contrôle de votre vie privée et de votre avenir dans le monde numérique.

L'histoire de Carla sur les réseaux sociaux

Tout a commencé par une recherche sur Google. Carla, une assistante marketing de vingt-sept ans, postulait à un nouvel emploi et souhaitait vérifier que sa présence en ligne présentait une image professionnelle. Elle a saisi son nom dans la barre de recherche, s'attendant à voir uniquement son profil LinkedIn et quelques mentions liées à son travail. Ce qu'elle découvrit lui fit immédiatement perdre son sourire.

Des photos de fêtes universitaires dont elle ne se souvenait même plus apparaissaient dans les résultats. Un message publié trois ans auparavant sur un ancien compte désormais supprimé contenait une plaisanterie sarcastique sortie de son contexte. Une vidéo la montrait en arrière-plan lors d'une manifestation — rien d'illégal, mais suffisamment controversé pour susciter des interrogations. Il y avait même un ancien avis laissé sur un site de critiques locales dans lequel elle se plaignait d'un café du quartier cinq ans plus tôt. D'une manière ou d'une autre, tout cela avait été indexé, conservé et rendu accessible. Elle se sentit soudainement exposée.

Intriguée et inquiète, Carla poursuivit ses recherches. Elle utilisa un service permettant de voir quelles informations les courtiers en données détenaient sur elle. Le rapport affichait son nom complet, son âge, plusieurs numéros de téléphone, d'anciennes adresses, une estimation de ses revenus, certaines tendances politiques et même des informations sur ses habitudes de consommation. Elle n'avait jamais demandé à figurer dans une telle base de données. Elle n'avait jamais donné un consentement explicite. Pourtant, toutes ces informations étaient là, regroupées, emballées et prêtes à être vendues à quiconque souhaitait les acheter.

Plus elle approfondissait ses recherches, plus son malaise grandissait. Son téléphone intelligent enregistrait son historique de localisation depuis des années. Des applications téléchargées « juste pour essayer » accédaient discrètement à son microphone et à sa caméra en arrière-plan. Ses photos personnelles étaient analysées à la recherche de métadonnées, tandis que des systèmes de reconnaissance faciale l'identifiaient automatiquement dans des photos de groupe publiées par d'autres personnes. Sa vie numérique n'était pas seulement publique : elle était prévisible. Et cette prévisibilité avait une grande valeur pour les spécialistes du marketing, les campagnes politiques et même les pirates informatiques.

Carla se souvint de la liberté avec laquelle elle publiait autrefois sur Internet. Elle aimait partager des photos de voyage, des recettes, des images humoristiques et ses opinions sur l'actualité. Elle croyait que supprimer un contenu suffisait à le faire disparaître. Elle pensait qu'un « compte privé » signifiait que seules ses connaissances pouvaient y accéder. Mais désormais, avec un regard neuf, elle comprenait que la confidentialité en ligne était souvent une illusion, surtout sur les plateformes conçues pour collecter les données plutôt que pour les protéger.

Déterminée à reprendre le contrôle, Carla consacra tout un week-end à nettoyer son empreinte numérique. Elle supprima d'anciens comptes de réseaux sociaux, modifia chaque paramètre de confidentialité qu'elle put trouver et demanda la suppression de ses données auprès de plusieurs courtiers en informations personnelles. Elle adopta un navigateur respectueux de la vie privée, désactiva l'historique de localisation de son téléphone et commença à utiliser des applications de messagerie chiffrée. Cela n'effaça pas tout, mais cela constitua un premier pas important.

Plus important encore, cette expérience transforma complètement sa manière de voir Internet. Elle ne publiait plus de manière impulsive. Elle réfléchissait davantage à ce qu'elle partageait et avec qui. Elle comprit que son empreinte numérique ne concernait pas seulement sa réputation, mais aussi le contrôle de son identité, de son avenir et de la façon dont elle souhaitait être perçue par le monde.

Carla n'abandonna pas les réseaux sociaux, mais elle cessa d'être une utilisatrice passive. Elle comprit que même si elle ne pouvait pas effacer totalement son passé numérique, elle pouvait façonner son avenir numérique avec intention. Cette prise de conscience devint sa meilleure protection.

Dans un monde où les données sont devenues une monnaie d'échange et où les algorithmes semblent parfois vous connaître mieux que vos propres amis, Carla choisit de reprendre possession de sa vie privée — un pas après l'autre.

[illegible]

Lorsque vous utilisez les réseaux sociaux, il est facile de croire que les seules informations que vous partagez sont celles que vous saisissez ou publiez volontairement. Vous publiez une photo, rédigez une légende, commentez la publication d'un ami, puis passez à autre chose. Pourtant, en arrière-plan, les plateformes de réseaux sociaux collectent une quantité impressionnante de données — non seulement à partir de ce que vous dites ou partagez, mais aussi à partir de la manière dont vous utilisez la plateforme, du moment où vous l'utilisez et de l'endroit où vous vous trouvez. Le résultat est un profil psychologique et comportemental extrêmement détaillé, bien plus sophistiqué que ce que la plupart des utilisateurs imaginent.

Commençons par les données de profil, c'est-à-dire les informations les plus évidentes et les plus volontairement fournies. Elles comprennent votre nom, votre date de naissance, votre adresse électronique, votre numéro de téléphone, votre sexe, vos centres d'intérêt, votre situation relationnelle et votre profession. De nombreuses plateformes demandent également des informations facultatives telles que votre niveau d'études, vos emplois précédents, les villes où

Chapitre 2 : Ce que les Plateformes de Réseaux Sociaux Savent sur Vous

Lorsque vous utilisez les réseaux sociaux, il est facile de croire que les seules informations que vous partagez sont celles que vous saisissez ou publiez volontairement. Vous publiez une photo, rédigez une légende, commentez la publication d'un ami, puis passez à autre chose. Pourtant, en arrière-plan, les plateformes de réseaux sociaux collectent une quantité impressionnante de données — non seulement à partir de ce que vous dites ou partagez, mais aussi à partir de la manière dont vous utilisez la plateforme, du moment où vous l'utilisez et de l'endroit où vous vous trouvez. Le résultat est un profil psychologique et comportemental extrêmement détaillé, bien plus sophistiqué que ce que la plupart des utilisateurs imaginent.

Commençons par les données de profil, c'est-à-dire les informations les plus évidentes et les plus volontairement fournies. Elles comprennent votre nom, votre date de naissance, votre adresse électronique, votre numéro de téléphone, votre sexe, vos centres d'intérêt, votre situation relationnelle et votre profession. De nombreuses plateformes demandent également des informations facultatives telles que votre niveau d'études, vos emplois précédents, les villes où vous avez vécu, ainsi que vos opinions religieuses ou politiques. Même si vous choisissez de ne pas remplir certains champs, chaque détail que vous fournissez aide les algorithmes à mieux vous comprendre et à monétiser plus efficacement votre activité.

Au-delà des informations que vous fournissez volontairement se trouvent les données comportementales, et c'est là que les choses deviennent beaucoup plus intrusives. Les plateformes analysent le temps que vous passez sur chaque publication, les vidéos que vous regardez jusqu'à la fin, les sujets sur lesquels vous vous attardez, les heures auxquelles vous êtes le plus actif, la fréquence à laquelle vous échangez avec certaines personnes et même la vitesse à laquelle vous faites défiler votre écran. Même si vous ne cliquez jamais sur « J'aime » ou ne laissez aucun commentaire, votre intérêt ou votre hésitation est enregistré. Ces comportements subtils permettent aux plateformes de mesurer vos préférences et d'adapter votre fil d'actualité afin de maximiser votre engagement — et leurs profits.

Les entreprises de réseaux sociaux collectent également des données techniques et relatives à vos appareils. Cela inclut l'identifiant de votre appareil, votre système d'exploitation, le type de navigateur utilisé, la résolution de votre écran, le niveau de batterie, l'espace de stockage disponible ainsi que les connexions Bluetooth ou Wi-Fi à proximité. Votre adresse IP fournit des informations de géolocalisation, et votre microphone ou votre caméra — lorsque les autorisations sont activées — peuvent être utilisés pour capter des données liées à votre environnement ou à votre comportement. Certaines applications demandent même l'accès à votre carnet d'adresses, synchronisant ainsi les numéros de téléphone et les adresses électroniques de vos contacts, même lorsque ces personnes n'utilisent pas la plateforme.

Qu'en est-il de vos messages privés ? Bien que la plupart des plateformes affirment protéger vos conversations, des métadonnées continuent d'être collectées. Cela inclut les personnes avec lesquelles vous communiquez, les heures auxquelles vous échangez, la fréquence de vos conversations et leur durée. Si vous utilisez une plateforme qui analyse les messages à des fins de modération ou de ciblage publicitaire, le contenu lui-même peut également être traité, en particulier lorsqu'il est stocké sur les serveurs de l'entreprise.

Les sociétés de réseaux sociaux pratiquent également ce que l'on appelle le suivi hors plateforme. Cela signifie qu'elles surveillent votre comportement sur d'autres sites web et applications, même lorsque vous n'utilisez pas directement leurs services. Ce suivi est rendu possible grâce aux cookies, aux pixels de suivi, aux boutons de partage social et aux intégrations avec des sites partenaires. Avez-vous déjà remarqué qu'après avoir consulté un produit sur un site web, des publicités pour ce même produit apparaissent immédiatement sur Instagram ou Facebook ? Ce n'est pas une coïncidence, mais le résultat d'un partage de données intégré entre différentes plateformes.

Votre activité contribue également à la création de ce qu'on appelle un profil fantôme. Il s'agit d'un profil de données construit à votre sujet même si vous n'avez jamais créé de compte sur la plateforme concernée. Si vos amis autorisent l'accès à leurs contacts, publient des photos de groupe ou vous identifient dans du contenu, la plateforme peut utiliser ces informations pour établir des liens et construire un profil détaillé vous concernant. Plus vous interagissez avec d'autres personnes, plus ce profil devient précis, sans que vous n'ayez jamais utilisé l'application.

Une autre couche de collecte concerne l'analyse émotionnelle et psychologique. Les plateformes utilisent l'intelligence artificielle pour interpréter les sentiments exprimés dans vos publications, commentaires, émojis et réactions. Elles peuvent déterminer si vous êtes heureux, triste, en colère, anxieux ou enthousiaste. Associées à d'autres données comportementales, ces informations permettent de prédire vos habitudes d'achat, vos préférences politiques ou même certains signes de vulnérabilité émotionnelle. Certaines entreprises ont été critiquées pour avoir utilisé ces données afin de cibler des utilisateurs vulnérables ou d'influencer leurs émotions lors de campagnes marketing ou d'événements politiques.

Toutes ces informations sont collectées sous couvert de « personnalisation ». Pourtant, l'objectif réel est l'optimisation : optimisation des revenus publicitaires, de la viralité du contenu et de la prédiction comportementale. Vos données alimentent un écosystème dans lequel l'attention est devenue une monnaie et où la manipulation est devenue une science.

La bonne nouvelle est qu'il est possible de reprendre une partie du contrôle. Commencez par examiner les autorisations accordées à vos applications : supprimez l'accès à vos contacts, à votre localisation et aux fonctionnalités de votre appareil qui ne sont pas indispensables. Désactivez la personnalisation publicitaire et le suivi basé sur les centres d'intérêt. Désactivez également la reconnaissance faciale et l'enregistrement des activités vocales lorsque ces options sont disponibles. Évitez de relier vos comptes de réseaux sociaux à d'autres applications et résistez à la tentation d'utiliser les options « Se connecter avec Facebook » ou « Se connecter avec Google ».

Ensuite, utilisez les outils proposés par les plateformes, tels que « Télécharger mes données » ou « Accéder à mes informations ». Ils peuvent révéler l'étendue des données stockées à votre sujet. Enfin, adoptez des habitudes respectueuses de la vie privée : utilisez des adresses électroniques distinctes pour les inscriptions, évitez de partager publiquement des événements personnels importants et consultez régulièrement les journaux d'activité de vos comptes.

Comprendre ce que les réseaux sociaux savent sur vous n'est pas une question de paranoïa, mais d'autonomisation. Plus vous êtes informé, plus vous pouvez décider consciemment de la quantité d'informations personnelles que vous autorisez le monde numérique à collecter et à influencer.

La publicité suspecte reçue par Diego

Diego s'était toujours considéré comme quelqu'un de compétent en technologie. En tant que graphiste indépendant, il utilisait les réseaux sociaux pour promouvoir son travail, trouver de l'inspiration et entrer en contact avec de potentiels clients. Il possédait des comptes sur Instagram, LinkedIn,

Facebook et TikTok. Il sélectionnait soigneusement ses publications, publiait régulièrement et interagissait avec sa communauté. Pourtant, il n'avait jamais imaginé que les plateformes auxquelles il faisait confiance pour développer son activité construisaient discrètement un dossier extrêmement détaillé sur lui, bien au-delà de ce qu'il avait consciemment accepté.

Tout a commencé lorsqu'il aperçut une publicité étrange sur Instagram. Le produit présenté correspondait exactement à un sujet dont il avait parlé à voix haute dans son appartement, sans jamais l'avoir recherché, écrit ou partagé en ligne. Cette coïncidence lui sembla troublante, comme si son téléphone avait écouté une conversation privée. Intrigué et légèrement inquiet, il décida d'examiner de plus près les paramètres de ses comptes.

Il découvrit que son application Instagram disposait d'un accès au microphone ainsi que d'un suivi de localisation activé « uniquement lorsque l'application est utilisée » — ce qui, dans la pratique, signifiait presque en permanence. Dans les paramètres de Facebook, il constata que son carnet d'adresses avait été synchronisé automatiquement et que l'application avait collecté son historique d'appels et certains journaux de messages pour « améliorer les suggestions ». Diego ignorait même que cela était possible. Plus inquiétant encore, il trouva un journal d'activité détaillant le temps passé sur certaines publications, les contenus consultés et même les articles qu'il avait observés sans interagir avec eux.

Lorsqu'il téléchargea l'intégralité de ses données Facebook, il fut stupéfait. L'archive contenait plus de mille pages d'informations personnelles, incluant d'anciennes conversations, son historique de localisation, ses interactions publicitaires, des catégories d'intérêts politiques et même des données liées à la reconnaissance faciale provenant de photos qu'il n'avait jamais lui-même téléchargées. La plateforme avait créé une véritable cartographie de sa vie numérique, y compris des éléments qu'il croyait privés ou oubliés.

Le choc final survint lorsqu'il apprit que Facebook suivait également son activité en dehors de la plateforme : les sites web qu'il visitait, les applications qu'il ouvrait et les achats effectués auprès de partenaires commerciaux. Une immense trace comportementale avait été assemblée pour créer une version numérique de Diego qu'il reconnaissait à peine — une version optimisée pour le ciblage publicitaire et l'influence algorithmique.

Il se sentit trahi. Non pas parce qu'il ignorait que certaines données étaient collectées, mais parce qu'il n'avait jamais imaginé l'ampleur réelle de cette surveillance. La plateforme n'observait pas seulement son comportement : elle le prédisait et influençait subtilement ses décisions. Il commença à se demander quelle part de son fil d'actualité était réellement naturelle et quelle part avait été soigneusement façonnée par des modèles d'intelligence artificielle conçus pour retenir son attention.

Déterminé à reprendre le contrôle, Diego passa à l'action. Il révoqua les autorisations inutiles, désactiva l'accès au microphone et à la localisation et déconnecta ses comptes sociaux des applications tierces. Il cessa d'utiliser les connexions via Google et adopta des navigateurs sécurisés ainsi que des moteurs de recherche respectueux de la vie privée. Il réduisit également la fréquence de ses publications et évita de partager des événements personnels importants. Plus important encore, il devint beaucoup plus conscient de sa manière de naviguer en ligne, refusant de laisser les algorithmes décider à sa place de ce qui méritait son attention.

Diego ne supprima pas ses comptes. Il en avait toujours besoin pour son activité professionnelle. Mais il commença à les considérer comme de simples outils plutôt que comme des compagnons numériques. Il réalisa que ces plateformes en savaient davantage sur lui que certains de ses amis les plus proches. La différence était que ses amis cherchaient à le comprendre, tandis que les plateformes cherchaient avant tout à lui vendre quelque chose.

Sa vision du monde numérique changea profondément. Il cessa de supposer que la confidentialité existait par défaut. Il comprit que dans l'économie numérique moderne, les données sont une monnaie d'échange — et qu'il les avait dépensées sans réfléchir pendant des années. Dès lors, chaque application, chaque clic et chaque publication furent examinés à travers une simple question : qu'apprennent-ils sur moi en ce moment, et pourquoi ?

Grâce à cette prise de conscience, Diego commença à tracer une frontière claire entre la connexion et le contrôle.

Chapitre 3 : Comment Sécuriser Vos Comptes

Sécuriser vos comptes de réseaux sociaux est l'un des moyens les plus efficaces de protéger votre vie privée numérique et de réduire les risques de piratage, de suivi ou d'usurpation d'identité. Beaucoup de personnes pensent qu'utiliser un mot de passe et modifier quelques paramètres de confidentialité suffit à assurer leur sécurité. Pourtant, dans l'environnement numérique actuel, cela n'est plus suffisant. Les plateformes de réseaux sociaux sont devenues de puissants outils de collecte de données et, sans une configuration adéquate, elles peuvent révéler beaucoup plus d'informations à votre sujet que vous ne l'imaginez. Ce chapitre vous guidera étape par étape afin de renforcer la sécurité de vos comptes sur les plateformes les plus populaires et de reprendre le contrôle de votre présence numérique.

Commencez par vos mots de passe. N'utilisez jamais le même mot de passe sur plusieurs sites. Si un compte est compromis, cela peut entraîner un effet domino mettant en danger tous vos autres comptes. Utilisez un gestionnaire de mots de passe pour générer et stocker des mots de passe longs et complexes composés de lettres majuscules, de lettres minuscules, de chiffres et de caractères spéciaux. Évitez toute information liée à votre date de naissance, au nom de votre animal de compagnie ou à votre équipe sportive préférée. Si une plateforme propose l'authentification à deux facteurs ou l'authentification multifactorielle, activez-la immédiatement. Cette mesure ajoute une couche de sécurité supplémentaire en exigeant un code provenant de votre téléphone ou d'une application d'authentification en plus de votre mot de passe.

Ensuite, examinez vos paramètres de confidentialité et de sécurité plateforme par plateforme. Sur Facebook, utilisez l'outil de vérification de la confidentialité. Désactivez la reconnaissance faciale, empêchez l'indexation de votre profil par les moteurs de recherche et limitez les personnes pouvant vous trouver à partir de votre adresse électronique ou de votre numéro de téléphone. Restreignez également l'accès à votre liste d'amis et à vos anciennes publications. Sur Instagram, configurez votre compte en mode privé si vous ne l'utilisez pas à des fins professionnelles. Désactivez les demandes de messages provenant de personnes que vous ne suivez pas. Sur TikTok, accédez aux paramètres de confidentialité afin d'empêcher le téléchargement de vos vidéos et de désactiver la personnalisation des publicités. Sur LinkedIn, masquez votre liste de relations, désactivez l'historique de consultation des profils et refusez le partage de données avec des tiers. Sur X (anciennement Twitter), rendez vos publications privées si nécessaire, désactivez la géolocalisation et limitez les messages privés aux personnes que vous suivez.

Prenez également le temps de vérifier quelles applications et quels appareils sont connectés à vos comptes. Au fil des années, nous accordons souvent l'accès à de nombreuses applications tierces — jeux, outils marketing, services d'analyse ou extensions diverses — qui continuent à collecter des données même après avoir cessé de les utiliser. Révoquez l'accès à tout ce qui vous semble inconnu ou inutile. Consultez votre historique de connexion et déconnectez les anciennes sessions provenant d'appareils que vous n'utilisez plus. Cette étape est particulièrement importante si vous vous êtes déjà connecté à partir d'un ordinateur partagé ou public.

Désactivez ou limitez le suivi de votre localisation. Les plateformes intègrent souvent des métadonnées GPS dans votre contenu sans que vous vous en rendiez compte. Même si vous n'indiquez pas explicitement votre emplacement dans une publication, votre appareil peut le faire automatiquement. Désactivez le partage de localisation dans les paramètres de votre téléphone et évitez de publier du contenu lorsque vous vous trouvez encore sur un lieu précis, notamment votre domicile, votre lieu de travail ou vos endroits habituels.

Gérez ensuite les identifications et la visibilité de votre profil. Configurez vos comptes afin que les publications dans lesquelles vous êtes identifié nécessitent votre approbation avant d'apparaître publiquement. Cette mesure empêche d'autres personnes de vous associer à du contenu pouvant nuire à votre réputation. Il est également conseillé de masquer votre date de naissance, votre situation sentimentale et d'autres informations personnelles fréquemment exploitées par les fraudeurs ou les ingénieurs sociaux.

N'oubliez pas vos photos de profil et vos biographies. Même lorsque votre compte est privé, ces éléments restent souvent visibles par tous. Évitez d'utiliser des photos révélant votre adresse, le nom d'une école, une plaque d'immatriculation ou tout autre détail permettant de vous localiser facilement. Utilisez une description générale ou professionnelle et ne publiez pas vos coordonnées personnelles sauf si cela est absolument nécessaire.

Enfin, effectuez un audit numérique tous les trois mois. Recherchez votre nom sur les principaux moteurs de recherche afin de voir quelles informations apparaissent publiquement. Vérifiez régulièrement vos paramètres de confidentialité pour vous assurer qu'ils n'ont pas été modifiés lors des mises à jour des applications. Les plateformes changent souvent leurs options de confidentialité sans avertir clairement les utilisateurs, réinitialisant parfois certaines autorisations ou activant de nouvelles fonctionnalités par défaut. Restez informé en suivant des sites spécialisés dans la technologie ou la protection de la vie privée.

En appliquant ces mesures à l'ensemble de vos comptes de réseaux sociaux, vous réduirez considérablement les risques d'accès non autorisé, de collecte abusive de données et d'exposition involontaire de vos informations personnelles. Vous n'avez pas besoin de disparaître d'Internet. Vous devez simplement être plus conscient de la manière dont vous y êtes présent.

L'objectif n'est pas de se cacher, mais de protéger votre temps, votre identité et votre tranquillité d'esprit. Vos comptes doivent travailler pour vous et non contre vous. Prenez le temps de les sécuriser dès maintenant et profitez de la sérénité que procure le fait de savoir que vous gardez le contrôle.

L'histoire d'Asha

Asha adorait les réseaux sociaux. En tant que propriétaire d'une petite entreprise spécialisée dans la fabrication artisanale de bougies, elle les utilisait pour promouvoir ses produits et entrer en contact avec des clients dans tout le pays.

Son compte Instagram était soigneusement conçu, sa page Facebook regorgeait d'avis positifs et ses vidéos TikTok devenaient régulièrement virales. Pourtant, tout changea le jour où elle se réveilla avec des dizaines de messages d'amis lui signalant qu'ils avaient reçu d'étranges messages provenant de son compte. Certains avaient même cliqué sur des liens suspects qu'elle était censée avoir envoyés.

Elle avait perdu l'accès à ses comptes. Quelqu'un en avait pris le contrôle pendant la nuit.

Paniquée, Asha tenta de réinitialiser ses mots de passe, mais le pirate avait déjà modifié l'adresse électronique et le numéro de téléphone associés à ses comptes. Pire encore, il avait commencé à publier des publicités frauduleuses auprès de ses abonnés et à diffuser des liens malveillants en utilisant son identité. La réputation qu'elle avait bâtie pendant trois années semblait s'effondrer sous ses yeux.

Avec l'aide d'un ami passionné d'informatique, Asha réussit finalement à récupérer l'accès à ses profils. Mais cette expérience la marqua profondément. Elle réalisa qu'elle n'avait jamais pris la sécurité numérique au sérieux. Ses mots de passe étaient simplement des variantes du nom de son chien. Elle les réutilisait sur plusieurs plateformes. Elle n'avait jamais activé l'authentification à deux facteurs. Elle ignorait également combien d'applications tierces avaient accès à ses comptes.

Déterminée à ce que cela ne se reproduise plus, elle entreprit de renforcer la sécurité de tous ses comptes. Elle installa un gestionnaire de mots de passe et créa des mots de passe uniques et robustes. Elle activa l'authentification à deux facteurs sur l'ensemble de ses services, de sa messagerie électronique à sa boutique en ligne en passant par ses réseaux sociaux. Elle révoqua également l'accès de plus de vingt applications connectées dont elle ne se souvenait même plus avoir autorisé l'utilisation.

Puis elle se plongea dans les paramètres de confidentialité. Sur Facebook, elle limita l'accès à ses publications, supprima sa date de naissance et sa localisation et empêcha toute identification sans son approbation préalable. Elle demanda également à ce que son profil ne soit plus indexé par les moteurs de recherche. Sur Instagram, elle examina chacune de ses anciennes stories à la une et archiva les publications contenant trop d'informations personnelles. Sur TikTok, elle bloqua le téléchargement de son contenu et désactiva la personnalisation publicitaire. Elle modifia même son profil LinkedIn afin de masquer sa liste de contacts et désactiva la synchronisation de ses courriels.

Asha supprima également les anciens appareils enregistrés dans son historique de connexion et prit l'habitude de se déconnecter lorsqu'elle n'utilisait plus ses comptes. Elle cessa d'utiliser les réseaux Wi-Fi publics pour toute activité sensible et commença à utiliser un réseau privé virtuel lorsqu'elle travaillait dans des cafés. Ce qui la surprit le plus n'était pas la difficulté du processus, mais le fait qu'elle avait négligé ces mesures pourtant simples pendant si longtemps.

Quelques mois plus tard, son entreprise prospérait de nouveau. Mais cette fois, elle bénéficiait d'une tranquillité d'esprit qu'elle n'avait jamais connue auparavant. Elle ne craignait plus de se réveiller au milieu du chaos. Sa confiance ne reposait plus uniquement sur sa marque, mais aussi sur le fait qu'elle avait pris les mesures nécessaires pour la protéger.

Elle commença alors à enseigner les bases de la sécurité numérique à d'autres propriétaires de petites entreprises lors d'ateliers locaux. Elle partageait son histoire, sa liste de vérification et les leçons qu'elle avait apprises. Et à chaque intervention, elle répétait la même vérité qu'elle avait découverte à ses dépens :

« Votre compte sur les réseaux sociaux n'est pas simplement un profil. C'est votre réputation, votre entreprise et votre identité. Protégez-le comme si votre avenir en dépendait, car c'est peut-être le cas. »

Chapitre 4 : Réduire, Supprimer et Reprendre le Contrôle

Chaque fois que vous partagez quelque chose en ligne — qu'il s'agisse d'une photo, d'un commentaire, d'une localisation, d'une publication ou même d'un simple « J'aime » — vous contribuez à votre présence numérique. Avec le temps, ces actions créent une immense archive de votre vie, souvent difficile à contrôler. L'objectif de ce chapitre est simple : vous aider à réduire ce désordre numérique, supprimer les données inutiles ou risquées et reprendre le contrôle de ce que le monde — et les algorithmes — savent à votre sujet.

La première étape consiste à réaliser un audit personnel de vos données. Commencez par effectuer une recherche sur votre nom dans les moteurs de recherche. Essayez différentes variantes de votre nom, de vos pseudonymes, de vos adresses électroniques et même de vos numéros de téléphone. Examinez les résultats affichés dans les premières pages, y compris les images, les commentaires et les anciennes publications. Effectuez cette recherche dans une fenêtre de navigation privée afin d'obtenir une vision plus proche de celle qu'aurait une personne extérieure. Prenez note de tout ce que vous souhaiteriez supprimer ou rendre moins visible.

Ensuite, connectez-vous à chacune de vos plateformes de réseaux sociaux et consultez votre historique d'activité. Facebook, par exemple, propose un Journal d'activité qui vous permet de revoir toutes vos publications, mentions « J'aime » et identifications. Instagram dispose d'un tableau de bord « Votre activité » permettant de gérer les interactions et les contenus archivés. TikTok et X (anciennement Twitter) offrent également un accès à vos anciennes activités, même si ces options sont parfois cachées dans différents menus de paramètres.

Commencez à supprimer les contenus qui ne vous représentent plus. Retirez les publications embarrassantes, les opinions devenues obsolètes, les localisations personnelles ou tout élément susceptible d'être mal interprété hors contexte. Supprimez les commentaires que vous regrettez. Retirez les photos dans lesquelles vous êtes identifié si elles ne correspondent plus à l'image que vous souhaitez projeter aujourd'hui. Souvenez-vous que le fait qu'un contenu ait été acceptable à partager autrefois ne signifie pas nécessairement qu'il l'est encore aujourd'hui.

Téléchargez ensuite l'intégralité de vos archives de données sur chaque plateforme. La plupart des grands réseaux sociaux proposent désormais cette fonctionnalité afin de se conformer aux réglementations sur la protection des données. Sur Facebook, accédez à « Paramètres > Vos informations Facebook > Télécharger vos informations ». Sur Instagram, rendez-vous dans « Paramètres > Votre activité > Télécharger vos informations ». Les fichiers obtenus vous montreront exactement quelles données sont conservées à votre sujet, y compris certaines informations que vous aviez oubliées ou que vous ignoriez avoir partagées.

Il est maintenant temps de vous attaquer aux plateformes tierces. Votre empreinte numérique ne se limite pas aux réseaux sociaux. Elle est dispersée dans les sections de commentaires, les blogs, les forums, les sites de commerce en ligne et les bases de données de courtiers en données. Des services spécialisés peuvent vous aider à demander la suppression de vos informations sur des centaines de sites qui collectent et revendent vos données personnelles. Vous pouvez également effectuer ces démarches manuellement en utilisant les formulaires de retrait ou les adresses de contact indiqués dans les politiques de confidentialité des sites concernés.

Pour éviter que de nouvelles données ne s'accumulent, modifiez certaines habitudes. Évitez d'utiliser votre véritable identité sur les forums publics lorsque cela n'est pas nécessaire. N'accordez pas d'autorisations inutiles lors de l'installation de nouvelles applications. Refusez la synchronisation automatique des contacts et l'accès à votre localisation, sauf si cela est indispensable au fonctionnement du service. Déconnectez-vous des plateformes lorsque vous ne les utilisez pas et désactivez autant que possible le suivi interplateforme.

Mettez en place un calendrier de nettoyage régulier, par exemple tous les trois mois. Considérez cela comme un grand ménage de printemps pour votre vie numérique. Vérifier vos comptes, effacer certains historiques et supprimer les profils inutilisés vous permet de conserver le contrôle de votre présence en ligne.

Vous pouvez également envisager d'utiliser des adresses électroniques secondaires ou des comptes distincts pour les inscriptions non essentielles. Cette approche évite que votre identité principale soit associée à des dizaines de services tiers. Si vous souhaitez participer à certaines communautés tout en préservant votre anonymat, utilisez un pseudonyme et limitez le partage d'informations personnelles.

Gardez toutefois à l'esprit qu'une fois qu'un contenu est partagé sur Internet, il n'est pas toujours possible de le supprimer complètement. Les captures d'écran, les archives, les sauvegardes et les contenus mis en cache peuvent permettre à certaines informations de subsister même après leur suppression. Néanmoins, réduire votre empreinte visible et contrôler davantage ce que vous publiez à l'avenir constitue une étape importante vers une meilleure protection de votre vie privée.

L'objectif n'est pas d'effacer votre existence numérique. Il s'agit d'être plus stratégique et plus conscient de ce que vous partagez, de l'endroit où vous le partagez et des personnes qui peuvent y accéder. Votre présence numérique devrait refléter la personne que vous êtes aujourd'hui, et non celle que vous étiez il y a dix ans. Elle ne devrait jamais être façonnée uniquement par le modèle économique d'une entreprise.

L'histoire de Marcus

Marcus n'avait jamais vraiment réfléchi à son empreinte numérique. Comme la plupart des gens, il utilisait les réseaux sociaux sans se soucier de la trace qu'il laissait derrière lui. Il était présent sur Facebook depuis le lycée, avait rejoint Twitter à l'université et s'était ensuite inscrit sur Instagram. Au fil des années, ses comptes étaient devenus une sorte de musée rempli de blagues oubliées, de photos de soirées, de prises de position politiques et de publications personnelles partagées sans grande réflexion. Ce n'est qu'au moment où il postula à un emploi dans une entreprise technologique qu'il prit conscience de son niveau d'exposition.

Au cours du processus de recrutement, Marcus entendit l'un des responsables évoquer une « vérification des antécédents ». Il ne s'agissait pas seulement de contrôles administratifs ou judiciaires. Les recruteurs effectuaient également des recherches sur Internet et examinaient les profils des candidats sur les réseaux sociaux. Cette nuit-là, Marcus décida de rechercher son propre nom en ligne. Ce qu'il découvrit le stupéfia.

Il trouva des photos de lui à l'université portant un costume dont il avait aujourd'hui honte. D'anciens messages publiés plusieurs années auparavant lui semblèrent embarrassants. Il retrouva même des publications dans lesquelles il se plaignait de précédents employeurs. Plus surprenant encore, il découvrit un ancien blogue personnel rempli de poèmes mélancoliques écrits durant son adolescence, toujours indexé par les moteurs de recherche et accessible à n'importe qui. Comme si cela ne suffisait pas, il trouva son adresse complète, son numéro de téléphone et une estimation de ses revenus sur un site spécialisé dans la collecte de données personnelles.

Cette nuit-là, Marcus dormit à peine. Dès le lendemain matin, il se lança dans une véritable mission de nettoyage numérique.

Il commença par faire le ménage sur ses réseaux sociaux. Sur Facebook, il parcourut son journal d'activité et supprima des centaines d'anciennes publications. Il retira sa date de naissance, son parcours scolaire et sa ville d'origine. Il se désidentifia de nombreuses photos et contacta plusieurs amis afin qu'ils retirent d'autres contenus le concernant. Sur Twitter, il utilisa un outil de suppression massive afin d'effacer ses anciens messages et protégea ses futures publications. Il verrouilla son compte Instagram et archiva tout ce qui ne correspondait plus à l'image qu'il souhaitait donner aujourd'hui.

Puis il élargit son travail au-delà des réseaux sociaux. Il demanda la suppression de ses informations auprès de plusieurs courtiers en données. Il utilisa un service spécialisé pour se retirer des sites de recherche de personnes. Il supprima des comptes sur des forums et des plateformes d'achat qu'il n'utilisait plus. Il alla même jusqu'à contacter l'hébergeur de son ancien blogue afin de demander sa fermeture définitive.

Marcus ne s'arrêta pas là. Il modifia complètement sa façon d'utiliser Internet. Il créa une adresse électronique distincte pour les nouvelles inscriptions et évita de fournir son véritable nom lorsque cela n'était pas nécessaire. Il cessa de partager sa localisation en temps réel et désactiva la personnalisation publicitaire sur l'ensemble de ses plateformes. Il programma même des rappels trimestriels dans son calendrier afin d'effectuer un audit de sa présence numérique, de la même manière qu'il surveillait ses finances ou son dossier de crédit.

Cette transformation lui procura un sentiment de liberté inattendu. Marcus avait l'impression d'avoir repris le contrôle de son identité. Il n'avait pas honte de son passé, mais ne souhaitait pas qu'il définisse son avenir ou soit interprété de travers par des inconnus. Sa candidature ne fut pas compromise et il obtint finalement un poste dans une entreprise qui accordait une grande importance à la confidentialité et à la sensibilisation numérique.

Ce qui le surprit le plus fut la simplicité de la démarche. La majorité du travail avait été accomplie en quelques heures seulement, mais la tranquillité d'esprit qu'il en retira fut durable. Il se sentait plus en sécurité, plus conscient et plus maître de ses choix. Il commença même à intervenir lors de rencontres technologiques locales afin de partager son expérience et d'encourager d'autres personnes à reprendre le contrôle de leur empreinte numérique.

Pour Marcus, Internet n'avait pas changé. En revanche, sa manière de l'utiliser avait été complètement transformée. Il ne considérait plus les réseaux sociaux comme un journal intime ou un mégaphone. Il les voyait désormais pour ce qu'ils étaient réellement : des outils puissants qui, laissés sans surveillance, peuvent devenir des sources de risque. Mais entre de bonnes mains, ils peuvent également servir à favoriser la croissance personnelle, les relations et le contrôle de sa propre identité.

Et cette fois-ci, ces mains étaient les siennes.

Chapitre 5 : Le Web Invisible — Les Métadonnées et les Profils Fantômes

Lorsque nous pensons aux données en ligne, nous imaginons généralement des noms, des adresses, des photos ou des publications rédigées par les utilisateurs. Pourtant, la réalité est que certaines des données les plus puissantes — et les plus intrusives — sont totalement invisibles. Cette couche cachée s'appelle les métadonnées, et elle joue un rôle essentiel dans la manière dont les plateformes, les annonceurs et même les gouvernements suivent, analysent et prédisent le comportement humain. Parallèlement, les plateformes numériques construisent également ce que l'on appelle des profils fantômes : des ensembles de données concernant des personnes qui n'ont même jamais créé de compte sur leurs services. Comprendre les métadonnées et les profils fantômes est indispensable pour gérer efficacement votre empreinte numérique.

Les métadonnées sont souvent décrites comme des « données sur les données ». Elles ne contiennent pas le contenu lui-même d'un message ou d'une publication, mais fournissent des informations sur le contexte qui l'entoure. Par exemple, lorsque vous prenez une photo avec votre téléphone, les métadonnées peuvent inclure la date et l'heure de la prise de vue, votre localisation GPS exacte, le modèle de l'appareil utilisé et le format du fichier. Lorsque vous envoyez un courriel, les métadonnées comprennent l'expéditeur, le destinataire, l'heure d'envoi, l'appareil utilisé et parfois même votre adresse IP. Lorsque vous visitez un site web, les métadonnées peuvent révéler la durée de votre visite, les éléments sur lesquels vous avez cliqué, l'appareil utilisé et le navigateur employé.

Les plateformes de réseaux sociaux collectent des métadonnées chaque fois que vous faites défiler un fil d'actualité, vous arrêtez sur une publication, faites glisser votre écran, publiez du contenu, envoyez un message ou même passez simplement votre curseur sur un élément. Ces données leur permettent de comprendre vos habitudes, vos préférences et parfois même vos vulnérabilités. Par exemple, si vous passez beaucoup de temps sur des publications liées à l'anxiété ou aux ruptures sentimentales, cela peut être interprété comme un signe de détresse émotionnelle et entraîner l'affichage de publicités ciblées pour des applications de thérapie ou des livres de développement personnel. Les métadonnées peuvent également être utilisées à des fins de surveillance ou de prise de décision automatisée par des entreprises ou des organismes gouvernementaux.

De nombreux utilisateurs pensent à tort que désactiver la géolocalisation ou rendre leur compte privé suffit à empêcher le suivi. Bien que ces mesures soient utiles, elles n'éliminent pas la collecte de métadonnées. La plupart des métadonnées sont générées et enregistrées automatiquement en arrière-plan, indépendamment de vos paramètres de confidentialité. Certaines plateformes vont même jusqu'à supprimer certaines protections de confidentialité lorsque vous téléchargez du contenu, afin de conserver les métadonnées sur leurs serveurs pendant une durée indéterminée.

Examinons maintenant les profils fantômes. Il s'agit de dossiers numériques créés sur des personnes qui n'ont jamais ouvert de compte sur une plateforme donnée. Imaginons qu'un de vos amis crée un compte Facebook et autorise l'application à accéder à son répertoire de contacts. Si votre nom, votre numéro de téléphone ou votre adresse électronique figurent dans ce répertoire, Facebook peut commencer à constituer un profil fantôme à votre sujet, même si vous n'avez jamais utilisé le service. Le même phénomène se produit lorsque des personnes vous identifient sur des photos ou mentionnent votre nom dans leurs publications.

Les profils fantômes sont particulièrement controversés parce qu'ils étendent la collecte de données au-delà du consentement explicite des utilisateurs. Ils permettent également aux plateformes de suivre des personnes qui ne sont pas utilisatrices et de combiner des informations provenant de multiples sources. Par exemple, une plateforme peut savoir que vous avez visité le site web d'un restaurant même si vous n'utilisez jamais ses services, simplement grâce à des pixels de suivi intégrés au site concerné. Les profils fantômes sont rarement rendus publics, et les personnes concernées n'ont généralement aucun moyen de consulter ou de supprimer les données qu'ils contiennent. Cela représente donc une préoccupation majeure en matière de protection de la vie privée.

Un autre problème réside dans l'utilisation des métadonnées et des profils fantômes pour entraîner des algorithmes. Ces données alimentent les systèmes de reconnaissance faciale, les mécanismes de publicité ciblée, les recommandations de contenu et même certaines campagnes d'influence politique. Entre de mauvaises mains, les métadonnées peuvent révéler vos habitudes quotidiennes, suivre vos déplacements ou déterminer vos relations personnelles en fonction de la fréquence de vos communications et de vos connexions mutuelles.

Pour réduire votre exposition à la collecte de métadonnées et aux profils fantômes, vous pouvez prendre plusieurs mesures concrètes :

Supprimez les métadonnées de vos fichiers avant de les mettre en ligne. Il existe des outils permettant d'effacer les coordonnées GPS des photos ou d'anonymiser certains documents numériques.

Utilisez des applications de communication chiffrées telles que Signal ou Proton Mail. Ces services limitent la conservation des métadonnées et renforcent votre confidentialité.

Évitez d'accorder l'accès à vos contacts, à vos photos, à votre microphone ou à votre localisation, sauf lorsque cela est réellement indispensable.

Déconnectez-vous des plateformes lorsque vous ne les utilisez pas afin de limiter le suivi intersites.

Utilisez des navigateurs et des extensions respectueux de la vie privée permettant de bloquer les traceurs et les techniques d'identification numérique.

Sensibilisez votre entourage aux risques liés à la synchronisation des contacts. Une partie de votre vie privée dépend également des choix effectués par vos proches.

Même s'il est pratiquement impossible d'éliminer complètement les métadonnées ou d'éviter totalement les profils fantômes, la sensibilisation et les mesures préventives peuvent réduire considérablement votre exposition. Souvenez-vous que ce que vous ne voyez pas est souvent ce qui compte le plus. Dans le monde numérique, les données invisibles peuvent avoir des conséquences très réelles.

L'histoire du profil fantôme de Leah

Leah se considérait comme une utilisatrice prudente d'Internet. Son compte Instagram était privé, elle ne partageait jamais sa localisation et évitait de publier trop d'informations sur sa vie personnelle. Pourtant, un jour, son jeune frère Max fit une remarque qui la déstabilisa.

« La photo que tu as envoyée à maman ? Je l'ai vue sur Facebook hier », dit-il.

Mais Leah n'avait jamais publié cette photo. Elle l'avait simplement envoyée à sa mère par message privé.

Intriguée et inquiète, Leah commença à enquêter. Elle découvrit que sa mère avait activé la synchronisation automatique de sa galerie photo avec Facebook. Sans s'en rendre compte, le compte de sa mère avait téléchargé l'image dans un album privé qui restait néanmoins exploitable par les systèmes d'analyse de la plateforme. C'est à ce moment-là que Leah commença à comprendre la puissance des métadonnées et la facilité avec laquelle elles pouvaient être utilisées pour la suivre, même sans sa participation directe.

Elle entreprit alors des recherches sur le concept de métadonnées. Elle apprit que chaque photo qu'elle prenait contenait des informations intégrées : la date, l'heure, le modèle de l'appareil utilisé et parfois même les coordonnées GPS exactes du lieu où la photo avait été prise. Des centaines d'images stockées dans ses espaces de sauvegarde révélaient potentiellement où elle vivait, travaillait, faisait du sport ou partait en vacances.

Elle examina ensuite les métadonnées de ses courriels. Même les messages qu'elle croyait totalement privés comportaient des en-têtes contenant son adresse IP et diverses informations techniques sur son appareil. Un simple courriel envoyé à un ami pouvait révéler sa localisation approximative ou ses habitudes de connexion. Elle réalisa également que les applications de messagerie qu'elle utilisait quotidiennement enregistraient ses heures d'activité, les personnes avec lesquelles elle communiquait le plus souvent et la durée de ses conversations.

Cependant, ce qui la choqua le plus fut la découverte des profils fantômes. Leah n'avait jamais créé de compte Facebook, mais elle apprit que, grâce à la synchronisation des contacts réalisée par ses amis, la plateforme possédait probablement déjà son nom, son numéro de téléphone et son adresse électronique. Lorsqu'elle effectua certaines recherches, elle remarqua même que Facebook lui suggérait de créer un compte avec des recommandations préremplies de personnes qu'elle pourrait connaître. Elle eut l'impression d'avoir toujours fait partie du réseau sans jamais y avoir adhéré.

Cette sensation d'être suivie sans consentement la mit profondément mal à l'aise. Elle n'avait jamais choisi de participer à cet écosystème, pourtant celui-ci avait trouvé un moyen de l'intégrer à travers les décisions des personnes qui l'entouraient. Sa présence numérique dépassait largement ce qu'elle avait elle-même publié. Cela lui rappela que la vie privée n'était pas seulement une question individuelle, mais également collective.

Déterminée à reprendre le contrôle, Leah entreprit un grand nettoyage numérique. Elle installa un outil permettant de supprimer les métadonnées de ses photos. Elle adopta un navigateur axé sur la confidentialité et installa des extensions de blocage du suivi. Elle cessa d'utiliser les applications exigeant l'accès à ses contacts et encouragea ses amis à faire de même. Elle aida même sa mère à désactiver le téléchargement automatique de ses photos.

Leah commença également à utiliser des applications de messagerie chiffrée pour communiquer avec ses proches. Elle se sentit rassurée en sachant que ses conversations n'étaient plus stockées dans des bases de données destinées à des fins publicitaires. Chaque changement lui apportait davantage de sérénité, de contrôle et de confiance dans sa capacité à protéger son identité numérique.

Pour elle, il ne s'agissait pas de se cacher. Il s'agissait de pouvoir choisir. Leah comprit que la collecte de données n'était pas mauvaise en soi, mais qu'elle devenait dangereuse lorsqu'elle était invisible, involontaire et dépourvue de responsabilité.

À partir de ce jour, elle accorda aux métadonnées la même importance qu'à ses mots de passe, à ses photographies ou à ses finances personnelles. Elles faisaient partie de son identité et méritaient donc d'être protégées.

[illegible]

Les plateformes de réseaux sociaux ne sont pas de simples sites web passifs où vous publiez des photos et échangez avec vos amis. En coulisses, elles fonctionnent grâce à des algorithmes alimentés par l'intelligence artificielle, conçus pour influencer votre comportement, diriger votre attention et subtilement reconfigurer ce que vous croyez ressentir. Bien que ces algorithmes soient souvent présentés comme des outils destinés à « personnaliser votre expérience », ils sont en réalité des moteurs d'influence optimisés pour maximiser l'engagement et les profits.

Chaque fois que vous interagissez avec un contenu — en cliquant, en faisant défiler, en vous arrêtant sur une publication, en aimant, en commentant ou en partageant — vous entraînez l'algorithme. L'intelligence artificielle utilise ces données pour apprendre ce qui attire votre attention, quelles émotions vous font réagir et ce qui vous pousse à rester plus longtemps sur la plateforme. Avec le temps, votre fil d'actualité cesse de refléter le monde dans sa diversité et devient plutôt une chambre d'écho conçue pour confirmer vos opinions, [illegible] vos émotions et vous inciter à continuer à défiler.

Chapitre 6 : L'Intelligence Artificielle, les Algorithmes et la Manipulation

Les plateformes de réseaux sociaux ne sont pas de simples sites web passifs où vous publiez des mises à jour et échangez avec vos amis. En coulisses, elles fonctionnent grâce à des algorithmes alimentés par l'intelligence artificielle, conçus pour influencer votre comportement, diriger votre attention et subtilement façonner ce que vous croyez et ressentez. Bien que ces algorithmes soient souvent présentés comme des outils destinés à « personnaliser votre expérience », ils sont en réalité des moteurs d'influence optimisés pour maximiser l'engagement et les profits.

Chaque fois que vous interagissez avec un contenu — en cliquant, en faisant défiler, en vous arrêtant sur une publication, en aimant, en commentant ou en partageant — vous entraînez l'algorithme. L'intelligence artificielle utilise ces données pour apprendre ce qui attire votre attention, quelles émotions vous font réagir et ce qui vous pousse à rester plus longtemps sur la plateforme. Avec le temps, votre fil d'actualité cesse de refléter le monde dans sa diversité et devient plutôt une chambre d'écho conçue pour confirmer vos opinions, alimenter vos émotions et vous inciter à continuer à cliquer.

Ce phénomène est appelé « bulle de filtrage ». Il se produit lorsque l'algorithme vous montre davantage de contenus correspondant à vos goûts et à vos croyances tout en écartant progressivement les points de vue différents. Même si cela peut sembler confortable, cette situation comporte des risques importants. Vous pouvez peu à peu perdre le contact avec une vision équilibrée de la réalité, adopter une perception déformée des événements ou développer des opinions extrêmes simplement à force d'être exposé aux mêmes idées. De nombreux débats politiques, culturels et de santé publique ont été profondément influencés par ces mécanismes algorithmiques, souvent sans que les utilisateurs en aient conscience.

Mais les informations et l'actualité ne sont pas les seuls domaines concernés. Les recommandations de produits, les suggestions d'amis, les publicités ciblées et même certains services de rencontres sont sélectionnés grâce à l'intelligence artificielle. Ces systèmes ne se contentent pas d'observer votre comportement : ils tentent de prédire vos décisions futures. L'algorithme peut apprendre que lorsque vous êtes triste tard le soir, vous êtes plus susceptible d'effectuer un achat impulsif. Si vous regardez régulièrement des vidéos liées aux ruptures amoureuses, vous pourriez rapidement voir apparaître des publicités pour des livres de développement personnel ou d'autres produits censés répondre à cet état émotionnel. Vos émotions deviennent alors une ressource exploitable.

Plus préoccupant encore, les algorithmes peuvent amplifier la désinformation et l'indignation. Les publications qui provoquent la colère, la peur ou des réactions émotionnelles fortes génèrent généralement davantage de commentaires, de partages et d'interactions. L'intelligence artificielle ne comprend ni la vérité ni le contexte ; elle comprend uniquement ce qui devient viral. Cela crée un cercle vicieux où les contenus faux, sensationnalistes ou extrêmes sont parfois favorisés au détriment d'informations plus nuancées et plus fiables. De nombreuses études ont montré que les utilisateurs exposés à des flux d'actualités pilotés par des algorithmes sont davantage susceptibles d'adopter des opinions polarisées, même lorsqu'ils pensent agir de manière totalement indépendante.

Une autre source de préoccupation est la manipulation par microciblage. Grâce aux données comportementales, les annonceurs peuvent diffuser des messages extrêmement spécifiques à certaines personnes, des messages que personne d'autre ne verra. Cette technique a déjà été utilisée pour influencer des élections, décourager certains groupes d'électeurs ou promouvoir des produits auprès de personnes vulnérables. Comme ces messages sont très ciblés, ils échappent souvent à tout contrôle public. Vous ne réalisez même pas que vous êtes influencé, car le contenu semble parfaitement naturel dans votre fil d'actualité.

Alors, comment reprendre le contrôle ?

La première étape consiste à comprendre le fonctionnement des algorithmes. Demandez-vous pourquoi une publication ou une publicité particulière apparaît dans votre fil. De nombreuses plateformes proposent désormais des options indiquant « Vous voyez cette publicité parce que... ». Consultez régulièrement ces informations afin de mieux comprendre comment vous êtes ciblé. Utilisez ensuite ces paramètres pour ajuster vos préférences et bloquer les contenus inutiles ou manipulatoires.

Deuxièmement, diversifiez vos sources d'information afin de sortir de votre bulle de filtrage. Recherchez volontairement des points de vue différents et évitez de faire des réseaux sociaux votre unique source d'information. Consultez directement des médias indépendants ou visitez les sites web d'information sans passer par les recommandations algorithmiques.

Troisièmement, apprenez à limiter les déclencheurs émotionnels. Évitez de réagir impulsivement aux contenus qui vous mettent en colère ou suscitent une réaction excessive. Les algorithmes apprennent à partir de l'intensité de vos émotions. Plus vous réagissez fortement, plus ils vous proposeront du contenu similaire. Prenez l'habitude de faire une pause et de réfléchir avant de commenter, de partager ou de cliquer sur une publication.

Quatrièmement, privilégiez la navigation manuelle et la sélection volontaire de vos contenus. Au lieu de faire défiler sans fin un fil d'actualité personnalisé, rendez-vous directement sur les comptes ou les créateurs auxquels vous faites confiance. Créez des listes, des favoris ou des dossiers afin d'organiser vos sources d'information et d'éviter autant que possible les recommandations automatisées.

Enfin, envisagez de faire des pauses régulières. Les réseaux sociaux sont conçus pour créer des habitudes parfois difficiles à rompre. Le défilement infini, les notifications et les mentions « J'aime » stimulent les mécanismes de récompense du cerveau. S'éloigner temporairement des plateformes permet de retrouver du recul et de réduire son exposition aux mécanismes de manipulation.

La vérité est que l'intelligence artificielle n'est pas neutre. Elle a été entraînée pour maximiser l'attention et les revenus publicitaires, et non pour promouvoir la vérité ou le bien-être des utilisateurs. Cependant, lorsque vous comprenez le système, vous pouvez prendre du recul et reprendre votre pouvoir de décision. Vous pouvez utiliser les plateformes comme des outils au lieu de devenir vous-même le produit.

Le contrôle commence par la prise de conscience, et cette prise de conscience commence ici.

Comment Jamal a appris à maîtriser les réseaux sociaux

Jamal adorait faire défiler les réseaux sociaux tard le soir. C'était devenu une habitude. Après sa journée de travail, il préparait une collation puis plongeait dans ses applications préférées pour se détendre. TikTok, YouTube et Instagram occupaient une grande partie de son temps. Il riait devant des vidéos humoristiques, regardait du contenu sur les chaussures de sport ou les jeux vidéo et suivait les activités de ses amis. Mais progressivement, quelque chose commença à changer.

Son fil d'actualité se transforma. Les plaisanteries devinrent plus sombres. Les vidéos plus agressives. Il commença à voir apparaître des théories du complot, des discours colériques et des vidéos prétendant révéler des vérités cachées sur la politique, les relations amoureuses ou la société. Au début, cela lui semblait divertissant. Puis cela devint une habitude dont il avait du mal à se détacher. Il restait éveillé bien plus longtemps que prévu, enchaînant des contenus émotionnellement chargés. Il se sentait tour à tour indigné, confus puis étrangement stimulé. Pourtant, il ne parvenait pas à s'arrêter.

Un jour, quelque chose le fit réagir. Il regardait une vidéo affirmant une chose totalement invraisemblable à propos d'un événement mondial. Il savait que cette affirmation était fausse, mais les commentaires étaient remplis de personnes qui semblaient y croire. Lorsqu'il vérifia les faits par lui-même, il découvrit que la réalité était complètement différente. Ce fut un véritable électrochoc.

Il commença alors à remettre en question ce qu'il voyait chaque jour. Pourquoi ce contenu lui était-il proposé ? Qui avait décidé qu'il devait voir cela ? Cette nuit-là, il consulta les paramètres de ses comptes et découvrit quelque chose qui le surprit profondément. Son profil publicitaire le décrivait comme anxieux, émotionnellement réactif, sensible aux sujets politiques et enclin aux décisions impulsives. Les statistiques montraient également qu'il passait davantage de temps sur les contenus suscitant la peur ou la colère. L'algorithme avait simplement suivi ses réactions et lui avait servi davantage de contenus similaires.

Jamal eut l'impression d'avoir été manipulé. Son fil d'actualité ne reflétait pas seulement ses centres d'intérêt : il les façonnait. Il l'avait progressivement poussé à passer davantage de temps sur la plateforme en exploitant ses émotions les plus fortes. Il comprit que le système n'était pas conçu pour son bien-être, mais pour tirer profit de son attention.

Déterminé à reprendre le contrôle, Jamal se désabonna de nombreux comptes toxiques et commença à sélectionner plus soigneusement les contenus qu'il suivait. Il ajouta des créateurs éducatifs, des ressources liées à la santé mentale et des voix positives. Il prit l'habitude de consulter directement des sites d'information fiables au lieu de dépendre des recommandations algorithmiques. Il installa également des limites de temps d'écran et désactiva les notifications qui le poussaient autrefois à vérifier ses applications toutes les quelques minutes.

Mais surtout, Jamal changea sa manière de penser. Il cessa de considérer son fil d'actualité comme une représentation neutre de la réalité. Il commença à se poser des questions : Pourquoi ce contenu devient-il viral ? Quelle émotion cherche-t-il à provoquer ? Qui bénéficie de ma réaction ?

Peu à peu, le brouillard se dissipa. Il se sentit plus concentré, plus équilibré et moins réactif. Son expérience des réseaux sociaux changea également. Une fois qu'il cessa d'alimenter les algorithmes avec son indignation, ceux-ci cessèrent progressivement de lui proposer ce type de contenu.

Jamal continua à utiliser les réseaux sociaux, mais selon ses propres règles. Plus de défilement sans fin. Plus de pièges émotionnels. Plus de fils invisibles tirant sur son attention. Il comprit enfin que lorsqu'on laisse un algorithme tenir le volant, celui-ci vous conduit vers ce qui maximise votre temps passé sur la plateforme, et non vers ce qui est réellement bénéfique pour vous.

Mais lorsque vous reprenez ce volant, vous ne faites plus simplement défiler un écran.

Vous choisissez.

Chapitre 7 : Les Enfants, les Adolescents et les Risques du Surpartage en Ligne

Les enfants et les adolescents grandissent aujourd'hui dans un monde où le partage numérique n'est plus facultatif – il est devenu une norme sociale. Des annonces de naissance aux diffusions en direct des anniversaires, des chorégraphies TikTok aux égoportraits pris à l'école, les jeunes d'aujourd'hui évoluent sous le regard permanent des réseaux sociaux. Bien que ces plateformes puissent sembler inoffensives, voire amusantes, la réalité est que le surpartage des informations personnelles par les enfants, les adolescents et même leurs parents présente des risques importants et durables pour la vie privée.

Commençons par le phénomène appelé « sharenting », un terme utilisé pour désigner les parents qui publient fréquemment des photos, des vidéos et des informations personnelles concernant leurs enfants sur Internet. Les intentions sont généralement positives : immortaliser des souvenirs, partager des moments heureux ou tenir la famille informée. Pourtant, ces publications peuvent avoir des conséquences inattendues. Les photos d'enfants sont souvent accompagnées de leur nom complet, de leur date de naissance, du nom de leur école ou même de données de géolocalisation.

Toutes ces informations deviennent une partie permanente de leur empreinte numérique avant même qu'ils ne comprennent ce que signifie la notion de vie privée.

Le surpartage peut rendre les enfants vulnérables au vol d'identité, au harcèlement, au suivi par reconnaissance faciale et même à l'utilisation abusive de leur image par des technologies de type hypertrucage. Certains parents publient involontairement des photos contenant des dossiers médicaux, des adresses personnelles ou d'autres informations sensibles. Plus préoccupant encore, les enfants ne peuvent généralement pas consentir à la diffusion de leur image en ligne, alors même que cette image devient accessible, indexée et parfois copiée sans autorisation.

Pour les adolescents qui gèrent leurs propres comptes, les enjeux sont encore plus importants. Ils ne possèdent pas toujours la maturité nécessaire pour mesurer les conséquences à long terme de ce qu'ils publient. Une vidéo réalisée sur un coup de tête, une publication rédigée sous le coup de l'émotion ou une plaisanterie écrite sans réfléchir peut devenir virale, être capturée par des captures d'écran et réapparaître des années plus tard. Ce qui semblait temporaire peut en réalité devenir permanent.

Par ailleurs, l'utilisation intensive des réseaux sociaux chez les jeunes est associée à divers défis liés à la santé mentale. De nombreuses études établissent un lien entre le temps excessif passé devant les écrans et l'augmentation des niveaux d'anxiété, de dépression, des problèmes d'image corporelle et du cyberharcèlement. Beaucoup d'adolescents recherchent la validation à travers les mentions « J'aime », les abonnés et les commentaires, sans réaliser qu'ils évoluent dans un système conçu pour encourager la dépendance à l'attention et à la performance sociale.

Une autre préoccupation concerne le profilage des données. Les plateformes comme TikTok, Snapchat et Instagram collectent les données comportementales des adolescents avec la même intensité que celles des adultes. Elles enregistrent les vidéos regardées, la durée de visionnage, les comptes suivis, les filtres utilisés et même certaines informations biométriques liées aux mouvements du visage. Ces données servent à construire des profils psychologiques pouvant être utilisés pour diffuser des publicités ciblées ou promouvoir des contenus susceptibles d'encourager certains comportements à risque.

Alors, que peut-on faire ?

Les parents et les tuteurs doivent adopter une approche proactive. Commencez par établir des règles concernant votre propre contenu. Évitez de publier le nom complet de votre enfant, son école, ses habitudes quotidiennes ou sa localisation en temps réel. Ne publiez pas de photos d'enfants en maillot de bain, dans une salle de bain ou dans des situations privées. Lorsque cela est nécessaire, utilisez des initiales, des surnoms ou masquez certains éléments de la photo afin de protéger leur identité. Posez-vous une question simple : « Est-ce que j'aimerais que cette photo de moi soit visible en ligne pour toujours ? »

Ensuite, discutez régulièrement avec vos enfants des limites numériques et de la protection de la vie privée. Apprenez-leur qu'Internet est permanent, que chaque publication peut être enregistrée et que la confidentialité est un droit précieux. Encouragez-les à réfléchir avant de publier du contenu. Aidez-les à configurer leurs comptes en mode privé et assurez-vous qu'ils savent comment signaler ou bloquer des utilisateurs malveillants.

Pour les adolescents, il est utile de fixer des limites raisonnables concernant le temps passé devant les écrans, mais surtout de développer leur esprit critique. Discutez avec eux de la pression sociale, des tendances en ligne et des dangers du surpartage. Au lieu de simplement leur dire ce qu'ils ne doivent pas faire, montrez-leur les conséquences réelles que certaines publications peuvent avoir et aidez-les à prendre des décisions éclairées. Donnez également l'exemple, car les enfants imitent souvent davantage les comportements qu'ils ne suivent les règles.

L'utilisation d'outils de contrôle parental peut également être utile pour comprendre quelles plateformes sont utilisées par votre enfant. Toutefois, la surveillance ne remplace pas la confiance. L'objectif doit être de maintenir un dialogue ouvert afin que les jeunes se sentent à l'aise pour poser des questions, signaler des problèmes ou demander de l'aide lorsqu'ils en ont besoin.

Enfin, envisagez la création d'un « contrat numérique » familial. Il peut s'agir d'un accord mutuel précisant les responsabilités, les limites et les attentes concernant l'utilisation d'Internet. Ce document peut inclure des règles relatives aux publications, aux interactions en ligne et à la gestion des erreurs. Il est important de rappeler aux enfants que les erreurs sur Internet peuvent être corrigées, mais que l'honnêteté et la conscience des conséquences demeurent essentielles.

En apprenant aux jeunes à valoriser leur vie privée dès leur plus jeune âge, nous leur donnons les outils nécessaires pour devenir des citoyens numériques responsables, capables d'utiliser la technologie avec confiance et discernement. Internet ne disparaîtra pas. Mais grâce à l'éducation, aux limites appropriées et à un accompagnement bienveillant, le surpartage n'a pas à définir leur avenir.

L'histoire d'Emma

Emma était une mère fière. Sa fille Lily venait de fêter ses sept ans et la fête d'anniversaire avait été magnifique : des ballons, un gâteau et beaucoup de rires. Comme de nombreux parents, Emma publia quelques photos sur Facebook : Lily soufflant ses bougies, ouvrant ses cadeaux et serrant ses amis dans ses bras. Elle ajouta la localisation de l'événement, quelques mots de description et regarda les mentions « J'aime » et les réactions s'accumuler.

Elle n'y pensa plus jusqu'à ce qu'une amie lui écrive : « Trop mignonne ! Elle est dans la même école que mon neveu. Le monde est petit ! »

À cet instant, Emma réalisa quelque chose d'inquiétant. Sur une seule photo, elle avait publié le nom complet de sa fille, son uniforme scolaire et le lieu exact où elle se trouvait.

N'importe qui pouvait potentiellement découvrir où Lily allait à l'école.

Un sentiment de malaise l'envahit. Elle pensait que son compte était privé, mais en vérifiant ses paramètres, elle découvrit que l'album anniversaire avait été partagé publiquement. En parcourant ses anciennes publications, elle retrouva des dizaines de photos prises au fil des années : moments familiaux, rendez-vous médicaux, vacances à la plage. Tous ces souvenirs lui semblaient autrefois attendrissants. Désormais, ils lui paraissaient beaucoup trop révélateurs.

Pendant ce temps, de l'autre côté de la ville, Lucas, quatorze ans, faisait face à sa propre expérience du surpartage. Il venait d'entrer au lycée et possédait déjà une communauté relativement importante sur TikTok. Un soir, agacé par un camarade de classe, il publia une vidéo sarcastique se moquant d'une situation survenue à l'école. Son intention n'était pas méchante, mais il mentionnait le nom d'un enseignant. La vidéo obtint plus de vues que tout ce qu'il avait publié auparavant.

Le lendemain matin, Lucas fut convoqué dans le bureau du directeur. Quelqu'un avait envoyé la vidéo à l'administration scolaire. L'enseignant concerné était contrarié et ses parents étaient furieux. Lucas n'avait jamais imaginé qu'un contenu pouvait se propager aussi rapidement ni entraîner de telles conséquences.

« Je pensais que ça resterait simplement sur ma page », murmura-t-il. « Je ne pensais pas que quelqu'un y prêterait attention. »

Ce soir-là, Lucas supprima la majorité de ses anciennes vidéos. En relisant ses publications, il réalisa combien d'informations personnelles il avait partagées sans même s'en rendre compte : le nom de son école, sa routine quotidienne et même l'arrêt de bus qu'il utilisait. Il se sentit soudainement exposé.

Emma et Lucas avaient finalement appris la même leçon, mais à partir de perspectives différentes : Internet n'oublie pas. Ce qui semble anodin aujourd'hui peut devenir demain un risque pour la sécurité, une menace pour la réputation ou une source de regrets.

Emma passa à l'action. Elle nettoya son compte Facebook, supprima certaines identifications et cessa de publier des photos montrant clairement le visage de Lily. Elle commença à utiliser des applications de partage privées pour communiquer avec sa famille. Elle prit également le temps d'expliquer à sa fille ce qu'était la vie privée et pourquoi elle était importante.

« Même si tu es encore jeune », lui dit-elle, « tu as le droit de choisir ce que le monde peut voir de toi. »

Lucas, lui aussi, modifia ses habitudes. Il passa son compte en mode privé et supprima les abonnés qu'il ne connaissait pas personnellement. Avant chaque publication, il se posait désormais une question simple : « Est-ce que cela me dérangerait que mon professeur ou un futur employeur voie ce contenu ? »

Il continua à réaliser des vidéos amusantes, mais elles portaient désormais sur des sujets généraux plutôt que sur des personnes réelles ou des lieux précis.

Leurs histoires ne sont pas des histoires de peur. Ce sont des histoires de croissance, de prise de conscience et de responsabilité. Ils ont compris que la sensibilisation numérique n'est pas réservée aux experts en technologie. Elle concerne chaque parent, chaque adolescent et chaque enfant possédant un téléphone intelligent. Elle consiste à protéger le droit de grandir sans laisser derrière soi un dossier numérique permanent contenant chaque erreur, chaque plaisanterie ou chaque photo de son enfance.

Le surpartage commence rarement avec de mauvaises intentions, mais il peut souvent entraîner des conséquences imprévues. Heureusement, la prise de conscience permet de changer les choses. Emma et Lucas ont appris cette leçon à temps — et d'autres peuvent faire de même.

Chapitre 8 : Détox Numérique et Utilisation Consciente des Réseaux Sociaux

Internet a été conçu pour nous connecter, nous informer et nous divertir. Pourtant, au fil du temps, il est devenu une source constante de sollicitations. Les notifications ne s'arrêtent jamais. Les fils d'actualité n'ont pas de fin. Les messages s'accumulent. Et la frontière entre la vie réelle et la vie numérique devient de plus en plus floue. C'est pourquoi la détox numérique et l'utilisation consciente des réseaux sociaux ne sont plus un luxe, mais une nécessité pour préserver sa clarté mentale, sa santé émotionnelle et le contrôle de son temps et de son énergie.

Commençons par le problème. Les réseaux sociaux sont conçus pour créer une forme de dépendance. Chaque fonctionnalité — le défilement infini, les mentions « J'aime », les réactions, les notifications surgissantes — est pensée pour stimuler les mécanismes de récompense du cerveau. Ces éléments créent une boucle de rétroaction qui pousse les utilisateurs à revenir encore et encore, souvent sans même s'en rendre compte. Une personne moyenne consulte ou touche son téléphone des milliers de fois par jour. Beaucoup d'entre nous commencent et terminent leur journée devant un écran sans jamais offrir à leur esprit un véritable moment de repos.

Les conséquences peuvent être importantes. De nombreuses études établissent un lien entre une utilisation excessive des réseaux sociaux et l'anxiété, la dépression, les troubles du sommeil, une faible estime de soi, des difficultés d'attention et même un sentiment de solitude. L'exposition constante à des images filtrées et à des versions idéalisées de la vie des autres peut déformer la perception que nous avons de nous-mêmes. Les notifications fragmentent notre attention et réduisent notre capacité de concentration. Quant à la pression de rester constamment informé, elle laisse de nombreuses personnes avec le sentiment permanent d'être dépassées.

C'est ici qu'intervient la détox numérique. Une détox numérique ne signifie pas nécessairement supprimer tous ses comptes et disparaître du monde connecté. Il s'agit plutôt de créer volontairement une distance entre soi et ses appareils afin de briser les habitudes automatiques et de réapprendre à utiliser la technologie comme un outil plutôt que comme une dépendance.

Commencez par réaliser un audit de votre temps. Utilisez les outils intégrés à votre téléphone ou des applications spécialisées pour mesurer le temps passé sur les réseaux sociaux. Les résultats surprennent souvent. Identifiez ensuite les applications qui consomment le plus de temps sans vous apporter de réelle valeur. Ce sont celles qu'il convient de limiter ou de mettre temporairement de côté.

Définissez ensuite des zones ou des moments sans téléphone. Par exemple, pas de téléphone dans le lit, pendant les repas ou durant la première heure suivant le réveil. Désactivez les notifications non essentielles et retirez les applications de réseaux sociaux de votre écran d'accueil. Vous pouvez également activer l'affichage en niveaux de gris afin de rendre les applications moins attrayantes visuellement. Même des changements simples, comme éloigner son téléphone pendant les périodes de travail, peuvent réduire considérablement les vérifications compulsives.

Vous pouvez également programmer des périodes régulières de repos numérique. Accordez-vous une journée par semaine sans réseaux sociaux ou essayez de passer un week-end complet sans utiliser ces applications. Pendant cette période, observez vos sensations. Ressentez-vous un manque ou au contraire davantage de calme, de concentration et de sérénité ?

Lorsque vous utilisez les réseaux sociaux, adoptez une approche consciente. Avant d'ouvrir une application, posez-vous quelques questions : Pourquoi suis-je en train d'ouvrir cette application ? Qu'est-ce que j'espère y trouver ? Est-ce un choix volontaire ou une réaction à l'ennui, au stress ou à l'habitude ? Ces questions permettent de passer d'un comportement automatique à une utilisation réfléchie.

Une autre stratégie consiste à sélectionner soigneusement votre fil d'actualité. Désabonnez-vous des comptes qui vous rendent anxieux, frustré ou insuffisant. Suivez davantage de personnes qui vous instruisent, vous inspirent ou vous encouragent. Utilisez sans hésitation les fonctions de masquage, de restriction ou de blocage. Elles existent pour protéger votre tranquillité d'esprit. Votre fil d'actualité devrait refléter vos valeurs et vos objectifs plutôt que vous pousser vers la comparaison ou les conflits.

Essayez également de privilégier une consommation active plutôt que passive. Prenez le temps de rédiger des commentaires réfléchis, d'enregistrer des publications utiles ou de partager du contenu qui a du sens pour vous. Plus votre utilisation est intentionnelle, moins vous serez vulnérable à la manipulation algorithmique ou à la fatigue émotionnelle.

Enfin, reconnectez-vous à des activités hors ligne. Faites des promenades sans téléphone. Tenez un journal. Lisez des livres. Discutez avec les gens en personne. Développez des loisirs qui ne nécessitent pas d'écran. Ces moments analogiques permettent de retrouver un équilibre, de réduire le stress et de réentraîner votre capacité d'attention.

N'oubliez pas qu'une détox numérique n'est pas un rejet de la technologie. C'est une réinitialisation. Les réseaux sociaux ne sont pas intrinsèquement mauvais. Ils deviennent problématiques lorsqu'ils monopolisent votre attention, volent votre temps ou influencent excessivement vos émotions. Une utilisation consciente les transforme à nouveau en outils utiles permettant de communiquer, d'apprendre et de grandir sans en devenir dépendant.

Votre temps et votre attention sont précieux. Protégez-les avec intention.

L'histoire de la détox numérique de Maya

Maya comprit qu'il y avait un problème lorsqu'elle se surprit à faire défiler Instagram au milieu de la nuit, encore une fois. Ce n'était même pas une décision consciente. Elle s'était réveillée pour aller aux toilettes, avait pris son téléphone par réflexe et, avant même de s'en rendre compte, elle avait passé quarante-cinq minutes à regarder les vacances d'inconnus, des tutoriels de beauté et des citations inspirantes qui finissaient toutes par se ressembler.

Elle n'en tirait aucun plaisir. Elle n'apprenait rien. Elle faisait simplement défiler.

Ce matin-là, Maya se sentit fatiguée, confuse et déconnectée. Ce sentiment n'était pas nouveau. Elle connaissait déjà ces réveils difficiles, ces après-midis anxieux et ces soirées qui disparaissaient devant un écran. Elle attribuait cela au stress, à un manque de motivation ou même à son alimentation. Mais lorsqu'elle consulta son rapport de temps d'écran, la vérité devint impossible à ignorer : elle passait presque cinq heures par jour sur les réseaux sociaux. Cela représentait environ trente-cinq heures par semaine, soit davantage qu'un emploi à temps plein.

Elle réfléchit à la manière dont ce temps était utilisé. Elle regardait sans fin des vidéos courtes, vérifiait les mentions « J'aime », répondait à des conversations de groupe, se comparait à des influenceurs et actualisait constamment des fils d'actualité qui ne s'arrêtaient jamais. Elle se rendit compte qu'elle regrettait la lecture de livres, l'écriture dans son journal personnel et les conversations réelles qui n'étaient pas interrompues par des notifications.

Maya décida alors de tenter quelque chose de radical : une semaine complète de détox numérique.

Elle ne supprima pas ses comptes, mais désinstalla Instagram, TikTok et Facebook de son téléphone. Elle désactiva toutes les notifications non essentielles. Elle activa l'affichage en niveaux de gris et plaça son téléphone à l'autre bout de la pièce lorsqu'elle travaillait. Au début, cela lui sembla étrange, comme s'il lui manquait quelque chose. Pourtant, dès le troisième jour, elle sentit son esprit s'éclaircir.

Elle commença à remarquer des détails qu'elle ignorait auparavant : le calme d'une promenade matinale, le son de ses propres pensées et même la longueur réelle d'une minute lorsqu'elle n'était pas absorbée par un écran. Elle recommença à écrire dans son journal. Elle appela une amie simplement pour discuter. Elle participa à un cours de yoga sans ressentir le besoin de consulter son téléphone immédiatement après. Elle réalisa combien de temps elle avait abandonné sans même s'en apercevoir.

Lorsque sa semaine de détox prit fin, Maya réinstalla ses applications, mais cette fois avec des règles strictes. Pas de réseaux sociaux avant le petit-déjeuner ni après vingt-et-une heures. Une seule session quotidienne de consultation, limitée à trente minutes. Elle se désabonna de tous les comptes qui lui donnaient un sentiment d'insécurité ou de distraction. À leur place, elle suivit des éducateurs, des artistes et des amis qui l'inspiraient et l'encourageaient. Elle instaura même une règle personnelle : le dimanche serait une journée sans défilement des réseaux sociaux.

Maya ne devint pas opposée à la technologie. Elle continuait à partager des photos, à discuter avec ses amis et à promouvoir son travail grâce aux réseaux sociaux. Mais désormais, son utilisation était intentionnelle. Les plateformes ne contrôlaient plus son attention. Elle n'utilisait plus les réseaux sociaux pour fuir sa réalité ; elle les utilisait avec clarté et discernement.

Le changement fut subtil, mais puissant. Elle se sentit moins anxieuse, plus concentrée et davantage en accord avec elle-même. Elle riait plus souvent. Dormait mieux. Réfléchissait plus profondément. Tout cela simplement parce qu'elle avait repris le contrôle de quelque chose qui avait progressivement envahi sa vie.

Pour Maya, la détox numérique ne signifiait pas se déconnecter du monde pour toujours.

Elle signifiait se reconnecter à elle-même.

[illegible]

Dans le monde numérique d'aujourd'hui, votre présence en ligne constitue souvent votre première impression. Que vous postuliez à un emploi, développiez une entreprise, élargissiez votre réseau professionnel ou proposiez vos services en tant qu'indépendant, les réseaux sociaux sont devenus un élément central de votre image professionnelle. Cependant, même si ces plateformes offrent d'excellentes opportunités pour créer des relations et développer votre activité, elles peuvent également nuire à votre crédibilité ou exposer des aspects privés de votre vie lorsqu'elles ne sont pas gérées avec prudence.

Une empreinte numérique professionnelle bien entretenue peut ouvrir des portes. Une présence négligée peut discrètement les fermer. C'est pourquoi il est essentiel de séparer votre vie personnelle de votre vie professionnelle en ligne, de contrôler ce qui est visible publiquement et de vous assurer que votre présence numérique reflète vos valeurs, vos compétences et vos objectifs plutôt que vos impulsions ou émotions du moment.

Commencez par réaliser un audit professionnel de votre

Chapitre 9 : Les Réseaux Sociaux pour les Professionnels

Dans le monde numérique d'aujourd'hui, votre présence en ligne constitue souvent votre première impression. Que vous postuliez à un emploi, développiez une entreprise, élargissiez votre réseau professionnel ou proposiez vos services en tant qu'indépendant, les réseaux sociaux sont devenus un élément central de votre image professionnelle. Cependant, même si ces plateformes offrent d'excellentes opportunités pour créer des relations et développer votre activité, elles peuvent également nuire à votre crédibilité ou exposer des aspects privés de votre vie lorsqu'elles ne sont pas gérées avec prudence.

Une empreinte numérique professionnelle bien entretenue peut ouvrir des portes. Une présence négligée peut discrètement les fermer. C'est pourquoi il est essentiel de séparer votre vie personnelle de votre vie professionnelle en ligne, de contrôler ce qui est visible publiquement et de vous assurer que votre présence numérique reflète vos valeurs, vos compétences et vos objectifs, plutôt que vos impulsions ou vos émotions du moment.

Commencez par réaliser un audit professionnel de votre

présence en ligne. Recherchez votre nom complet sur Internet en l'associant à votre profession ou à votre ville. Consultez vos profils LinkedIn, Facebook, Instagram ainsi que les anciens comptes que vous avez peut-être oubliés. Que voyez-vous ? Que découvrirait un employeur, un client ou un partenaire potentiel ? Cette image correspond-elle à la personne que vous souhaitez présenter professionnellement ?

Ensuite, établissez une séparation claire entre vos comptes personnels et vos profils professionnels. Idéalement, utilisez des noms d'utilisateur, des adresses électroniques et des paramètres de confidentialité distincts pour chaque usage. Sur LinkedIn, tout devrait être orienté vers votre carrière. Sur des plateformes plus informelles comme Instagram ou TikTok, demandez-vous si votre contenu personnel pourrait influencer négativement la perception que les autres ont de vous dans votre secteur d'activité. Si nécessaire, créez un compte public dédié à votre carrière et réservez votre compte personnel à un cercle privé.

Gardez à l'esprit que même les profils privés peuvent être retrouvés, capturés par des captures d'écran ou partagés par d'autres personnes. Avant de publier quoi que ce soit, posez-vous cette question : « Serais-je à l'aise si un futur employeur ou un client voyait cela hors contexte ? » Si la réponse est non, il est préférable de ne pas le publier.

Sur LinkedIn, assurez-vous que votre profil est complet, à jour et facile à comprendre. Utilisez une photo professionnelle, rédigez une présentation convaincante et mettez en valeur vos réalisations les plus pertinentes. Évitez les expressions vagues ou les mots à la mode sans explication concrète. Soyez précis dans la description de vos résultats et de vos compétences. Développez votre réseau de manière stratégique, interagissez avec les leaders de votre secteur et partagez des idées qui démontrent votre expertise.

Si vous utilisez Instagram ou TikTok pour votre image de marque, veillez à ce que votre biographie soit claire et cohérente avec votre domaine d'activité. Organisez votre contenu autour de thèmes principaux, tels que l'éducation, les témoignages ou les coulisses de votre activité. Mettez en avant votre expérience et votre personnalité de manière authentique. Toutefois, évitez le surpartage, les réactions impulsives ou les contenus susceptibles d'être perçus comme peu professionnels ou excessivement polarisants.

Soyez particulièrement prudent avec les contenus politiques, religieux ou controversés, surtout lorsque vos comptes mélangent sphères personnelle et professionnelle. Même lorsque vos opinions sont sincères et légitimes, elles peuvent involontairement éloigner certains clients, collègues ou recruteurs. Connaissez votre audience et souvenez-vous que les nuances se perdent souvent dans les espaces numériques.

Vos commentaires et vos mentions « J'aime » participent également à votre image professionnelle. Beaucoup de personnes oublient qu'interagir avec un contenu inapproprié peut avoir un impact sur leur réputation, même si leurs propres publications sont irréprochables. Considérez toujours que votre activité en ligne peut être observée et interprétée par d'autres.

Vous pouvez également configurer des alertes de recherche pour votre nom ou celui de votre entreprise afin d'être informé lorsqu'un nouveau contenu apparaît en ligne à votre sujet. Gérer sa réputation de manière proactive permet souvent d'éviter des problèmes futurs.

N'oubliez pas d'utiliser les outils de confidentialité et les paramètres de visibilité disponibles sur les différentes plateformes. Sur LinkedIn, par exemple, vous pouvez masquer votre liste de relations. Sur Facebook, vous pouvez limiter la visibilité de vos anciennes publications. Sur Instagram, vous pouvez archiver certains contenus ou restreindre l'accès à certaines stories.

L'objectif est de trouver un équilibre. Vous souhaitez être visible, authentique et accessible, sans devenir vulnérable ou négligent. Utilisés intelligemment, les réseaux sociaux deviennent un atout stratégique pour votre carrière. Ils vous permettent de raconter votre histoire, d'attirer de nouvelles opportunités et de développer un réseau mondial tout en préservant votre intégrité et votre tranquillité d'esprit.

Dans le monde moderne, votre curriculum vitæ peut ouvrir une porte, mais votre présence en ligne peut déterminer si cette porte reste ouverte.

L'histoire de Trevor

Trevor était enthousiaste. Il venait d'obtenir un entretien pour un poste qu'il désirait vraiment : coordinateur des communications au sein d'un organisme à but non lucratif en pleine croissance. Il possédait l'expérience nécessaire, de solides références et une réelle motivation. Avant l'entretien, il révisa les tendances de son secteur, perfectionna son curriculum vitæ et choisit soigneusement sa meilleure veste.

Ce que Trevor ignorait, c'est qu'avant même qu'il franchisse la porte de la salle d'entretien, le responsable du recrutement avait déjà effectué une recherche sur son nom.

À première vue, son profil LinkedIn était excellent : une photo professionnelle, un parcours impressionnant et une activité régulière. Mais quelques clics supplémentaires menèrent le recruteur vers son compte Twitter, où le ton était beaucoup moins professionnel. On y trouvait des publications impulsives tard dans la nuit, des commentaires sarcastiques sur l'actualité et des plaisanteries susceptibles d'être mal interprétées. Son compte Instagram personnel était public et rempli de photos de fêtes, de séances d'entraînement inachevées et de légendes révélant davantage sa vie sentimentale que son professionnalisme.

Rien n'était réellement offensant ni malveillant.

Mais cela ne correspondait pas à l'image d'une personne prête à représenter la mission d'une organisation.

Trevor n'obtint pas le poste.

Déçu, il demanda un retour d'information et apprit avec diplomatie qu'« un autre candidat semblait davantage correspondre à la culture de l'organisation ». Ce soir-là, il examina sérieusement sa présence numérique. Pendant des années, il avait considéré les réseaux sociaux comme un simple espace personnel, sans jamais réfléchir à l'impact que cela pouvait avoir sur sa carrière.

Il décida alors de changer son approche.

Il créa un compte Instagram professionnel où il partageait des conseils en communication, des exemples de narration pour les organisations à but non lucratif et des moments vécus lors de conférences et d'ateliers. Il conserva son compte personnel, mais le rendit privé et supprima les contenus qu'il jugeait trop révélateurs ou immatures. Il cessa de publier de manière impulsive et commença à planifier des contenus plus cohérents avec ses objectifs professionnels.

Sur Twitter, il effaça des centaines d'anciens messages et participa davantage à des discussions sur l'éthique des médias et la défense des droits numériques. Il suivit des experts de son domaine, partagea des recherches pertinentes et posa des questions réfléchies. Son ton évolua. Il ne devint pas artificiel, simplement plus intentionnel.

Il revisita également son profil LinkedIn. Il remplaça sa photo par un portrait plus professionnel, réécrivit son titre afin qu'il reflète réellement son expertise et ajouta des activités bénévoles ainsi que des certifications qu'il avait oubliées de mentionner. Il commença à publier régulièrement de courtes réflexions sur ses projets, les leçons tirées de ses entretiens d'embauche et les tendances observées dans le domaine de la communication.

Deux mois plus tard, un recruteur le contacta sur LinkedIn pour lui proposer une nouvelle opportunité. Cette fois, le processus se termina par une offre d'emploi.

Lors de l'entretien, l'un des recruteurs lui déclara :

« Nous apprécions vraiment la façon dont vous vous présentez en ligne. Votre présence numérique nous a permis de comprendre votre professionnalisme et votre personnalité. »

Trevor comprit alors que dans un monde numérique, son empreinte en ligne n'était pas séparée de sa carrière. Elle en faisait partie intégrante. Chaque commentaire, chaque photo et chaque biographie contribuaient à la manière dont les autres le percevaient, bien avant de le rencontrer en personne.

Il ne supprima pas sa personnalité.

Il apprit simplement à mieux comprendre la manière dont elle apparaissait en ligne.

Il découvrit que les réseaux sociaux pouvaient devenir une plateforme puissante de développement professionnel, de crédibilité et de connexion lorsqu'ils étaient utilisés avec intention.

À partir de ce moment, Trevor prit l'habitude d'examiner régulièrement son reflet numérique.

Car il savait désormais que dans le monde moderne, votre image de marque n'est pas ce que vous dites de vous-même.

C'est ce que les autres découvrent lorsqu'ils recherchent votre nom.

Chapitre 10 : Construire une Stratégie de Réseaux Sociaux Axée sur la Confidentialité

À ce stade, vous avez exploré les nombreuses façons dont les réseaux sociaux peuvent influencer votre vie privée, votre santé mentale, votre image professionnelle et même vos relations personnelles. L'étape suivante consiste à mettre toutes ces connaissances en pratique en construisant votre propre stratégie de réseaux sociaux axée sur la confidentialité : un système personnalisé qui vous permet de profiter des avantages du monde numérique sans sacrifier votre contrôle, vos données ou votre dignité.

La vérité est que vous n'avez pas besoin de disparaître d'Internet pour protéger votre vie privée. Vous avez simplement besoin d'une stratégie qui soit en accord avec vos valeurs, vos objectifs et vos limites personnelles. Tout commence par l'intention. Posez-vous la question suivante : pourquoi est-ce que j'utilise chaque plateforme ? Si la réponse n'est pas claire ou si une plateforme vous épuise constamment sans vous apporter de valeur réelle, envisagez de réduire son utilisation ou de la quitter complètement. Vous n'êtes pas obligé d'être présent partout.

Une fois que vous avez identifié les plateformes qui vous sont réellement utiles, prenez le temps de reconstruire vos profils avec la confidentialité comme priorité. Pour les comptes personnels, adoptez une approche minimaliste. Ne partagez que les informations nécessaires. Supprimez les dates de naissance, les situations sentimentales, les villes de résidence ou les détails concernant votre emploi, sauf si cela est réellement indispensable. Si la confidentialité est particulièrement importante pour vous, envisagez d'utiliser un pseudonyme ou un surnom. Pour votre photo de profil, évitez les images faciales facilement exploitables par les systèmes de reconnaissance faciale. Vous pouvez utiliser un avatar, un symbole ou une image artistique à la place.

Ensuite, ajustez vos paramètres de visibilité. Limitez vos publications à vos amis ou à des listes personnalisées. Désactivez l'indexation de votre profil par les moteurs de recherche et restreignez les personnes autorisées à vous envoyer des demandes d'amis, des messages ou des identifications. De nombreuses plateformes permettent de vérifier les publications dans lesquelles vous êtes identifié avant qu'elles ne deviennent visibles publiquement. Activez cette option. Désactivez ou limitez également le suivi de localisation, le partage automatique des stories, la reconnaissance faciale et les fonctions de personnalisation publicitaire.

Si vous utilisez les réseaux sociaux pour des activités professionnelles ou publiques, créez un profil distinct dédié à cette utilisation. Ce profil doit contenir un contenu soigneusement sélectionné qui reflète vos valeurs, vos compétences et votre expertise tout en excluant les détails personnels sensibles. Envisagez d'utiliser un calendrier éditorial et évitez de publier votre localisation en temps réel afin de réduire les risques liés à votre sécurité physique. Maintenez un ton professionnel et gardez les aspects privés de votre vie en dehors de vos comptes professionnels.

Un autre élément essentiel d'une stratégie axée sur la confidentialité consiste à contrôler les accès accordés à des services tiers. Beaucoup de personnes ignorent combien d'applications elles ont connectées à leurs comptes de réseaux sociaux au fil des années : jeux, questionnaires, extensions, applications de commerce électronique et bien d'autres encore. Ces connexions restent souvent actives pendant longtemps et continuent à collecter des données. Consultez régulièrement les sections « Applications connectées » ou « Applications et sites web » de chaque plateforme et supprimez l'accès à tout ce qui n'est plus nécessaire.

Pour aller encore plus loin, adoptez des outils renforçant votre confidentialité, tels que les réseaux privés virtuels, les applications de messagerie chiffrée, les extensions de navigateur anti-pistage et les outils de suppression de métadonnées. Utilisez des services respectueux de la vie privée comme Signal pour la messagerie, Brave ou Firefox pour la navigation et Proton Mail ou Tuta pour les courriels sécurisés.

Réfléchissez également à la manière dont votre contenu peut être recherché et retracé. Si vous souhaitez être moins visible, évitez d'utiliser votre nom complet, des balises de géolocalisation ou des indications temporelles trop précises. Évitez de partager en détail vos habitudes quotidiennes, les informations concernant vos proches ou vos futurs déplacements. N'oubliez jamais que la confidentialité ne dépend pas uniquement de ce que vous publiez, mais aussi des schémas que vous créez à travers vos publications.

Au-delà de la protection, développez des habitudes proactives. Planifiez un contrôle de confidentialité trimestriel afin de vérifier vos paramètres, supprimer les contenus inutiles, mettre à jour vos mots de passe et évaluer si les plateformes que vous utilisez correspondent toujours à vos objectifs. Considérez cela comme un entretien régulier de votre présence numérique.

Plus important encore, souvenez-vous que vous contrôlez

votre propre récit. Ne laissez pas les algorithmes, les annonceurs ou les influenceurs décider de ce que vous partagez, du moment où vous le partagez ou de la façon dont vous devez vous sentir. Si vous souhaitez publier moins souvent, faites-le. Si vous voulez masquer, supprimer ou bloquer certains contenus ou utilisateurs, faites-le. Si vous souhaitez disparaître des réseaux sociaux pendant une semaine ou même une année entière, c'est votre droit.

Construire une stratégie de réseaux sociaux axée sur la confidentialité ne signifie pas vivre dans la peur ou se cacher. Cela signifie choisir d'interagir avec le monde numérique à partir d'une position de force plutôt que de simple commodité. Cela signifie protéger votre avenir en étant attentif à vos actions aujourd'hui.

Votre vie privée est une forme de pouvoir. Protégez-la avec intention et utilisez votre présence en ligne selon vos propres conditions.

L'histoire de Nina et du Choix Conscient

Nina a toujours aimé les réseaux sociaux. En tant que rédactrice indépendante et blogueuse de voyage à temps partiel, elle publiait des contenus colorés, captivants et remplis de détails personnels. Ses abonnés savaient où elle logeait, dans quel café elle prenait son petit-déjeuner et quels livres elle lisait. Elle aimait partager sa vie, car cela lui donnait un sentiment de connexion avec les autres.

Jusqu'au jour où cette proximité devint trop personnelle.

Elle venait d'arriver à Lisbonne lorsqu'elle reçut un message d'un abonné :

« Je t'ai vue au café près de ton logement. Le monde est petit ! »

Nina resta figée.

Elle n'avait jamais mentionné le nom de son hébergement. Elle avait simplement publié une photo de la porte d'entrée et identifié le quartier où elle se trouvait. Pourtant, cela avait suffi.

Cette prise de conscience la troubla profondément. Ses publications révélaient beaucoup plus qu'elle ne l'avait imaginé : sa localisation exacte, ses habitudes de voyage et même certaines parties de sa routine quotidienne. Elle n'avait pas été victime de harcèlement ni de piratage, mais quelque chose avait changé. L'intimité de sa vie numérique commençait à lui sembler trop exposée.

À son retour chez elle, Nina décida de repenser entièrement son approche des réseaux sociaux.

Elle ne souhaitait pas abandonner les plateformes. Elle appréciait leur créativité et les communautés qu'elles lui permettaient de rejoindre. Mais elle voulait retrouver le sentiment de contrôle.

Elle commença par un grand nettoyage numérique. Elle retira les localisations précises de ses publications. Elle archiva des centaines d'anciens contenus contenant des noms de rues, des identifications d'amis ou d'autres informations facilement exploitables. Elle remplaça son nom public par un surnom et créa une adresse électronique distincte réservée exclusivement à ses activités sur les réseaux sociaux.

Puis elle approfondit sa démarche.

Elle examina toutes les applications connectées à ses comptes et supprima les autorisations qu'elle ne reconnaissait plus. Elle téléchargea l'archive complète de ses données Instagram et fut stupéfaite par la quantité d'informations conservées : historiques de localisation, identifiants d'appareils, données de reconnaissance faciale et même certains messages supprimés. Cette découverte lui fit prendre conscience du caractère durable de ses actions numériques.

Elle modifia ensuite les paramètres de confidentialité de toutes ses plateformes. Sur Instagram, elle désactiva la personnalisation publicitaire et supprima les centres d'intérêt que l'application lui avait attribués. Sur Facebook, elle rendit sa liste d'amis privée, désactiva la reconnaissance faciale et limita les possibilités de la retrouver à partir de son numéro de téléphone. Elle commença à utiliser un réseau privé virtuel pour naviguer sur Internet et adopta Signal pour ses conversations privées.

Désormais, son approche consistait à refuser par défaut plutôt qu'à accepter automatiquement.

Mais le changement le plus important fut intérieur.

Nina commença à planifier son contenu à l'avance. Au lieu de publier pendant qu'elle se trouvait encore dans un lieu précis, elle attendait d'en être partie. Elle cessa de partager par ennui ou par pression sociale et se mit à publier avec intention. Elle ne ressentait plus le besoin de justifier ses absences sur les réseaux sociaux. Lorsqu'elle faisait une pause numérique, elle ne s'en excusait plus. Elle en était fière.

La transformation ne fut pas instantanée, mais elle fut profonde.

Nina se sentit plus légère. Plus en sécurité. Plus concentrée sur sa vie réelle que sur son fil d'actualité. Son audience resta fidèle et respecta ses nouvelles limites. Beaucoup de ses abonnés lui confièrent même que son changement d'approche les avait inspirés à réexaminer leurs propres habitudes numériques.

Nina comprit alors qu'il n'était pas nécessaire de disparaître pour préserver sa vie privée.

Il suffisait d'être intentionnel.

Sa stratégie axée sur la confidentialité ne la rendit pas moins visible. Elle la rendit plus authentique.

Et dans un monde qui récompense souvent le surpartage, choisir ce qu'elle ne partageait pas devint sa plus grande force.

Aujourd'hui, chaque fois qu'elle ouvre une application, elle prend une pause et se pose trois questions :

« Est-ce fidèle à qui je suis ? »

« Est-ce nécessaire que cela soit public ? »

« Serai-je fière de cette publication demain ? »

Si la réponse est oui, elle publie.

Sinon, elle laisse simplement passer le moment.

Sa vie numérique ne ressemble plus à une performance.

Elle ressemble à la paix.

Reprenez le Contrôle de Votre Vie Numérique

Les réseaux sociaux ne disparaîtront pas. Ils sont désormais intégrés au tissu même de la communication moderne, des affaires, de la politique, de l'éducation et de l'expression personnelle. Ils permettent aux familles séparées par des continents de rester connectées, donnent une voix à ceux qui ne sont pas entendus et rassemblent des communautés autour de passions et de causes communes. Mais comme vous l'avez découvert tout au long de ce livre, ils présentent également des risques considérables pour votre vie privée, votre sécurité, votre santé mentale et votre réputation à long terme.

Ce livre n'a jamais eu pour objectif de vous faire fuir le monde numérique. Il a été écrit pour vous donner les moyens d'y évoluer avec confiance et discernement.

Vous avez appris comment chaque mention « J'aime », chaque commentaire, chaque identification et chaque publication contribue à votre empreinte numérique. Vous avez découvert comment les métadonnées enregistrent discrètement les lieux où vous vous trouvez et les actions que vous effectuez. Vous avez compris l'existence des profils fantômes, ces dossiers invisibles que certaines plateformes construisent même lorsque vous ne possédez pas de compte. Vous avez vu comment l'intelligence artificielle et les algorithmes peuvent influencer les émotions et les comportements, et comment le surpartage peut avoir des conséquences durables pour les enfants et les adolescents. Vous avez également exploré des méthodes concrètes pour réduire votre exposition, alléger votre dépendance aux écrans et façonner une présence numérique plus réfléchie et plus professionnelle.

Plus important encore, vous avez compris que la confidentialité ne consiste pas à se cacher. Elle consiste à protéger ce qui compte le plus. Votre attention, votre temps, vos informations personnelles et votre identité numérique méritent tous des limites claires. Vous ne devez pas votre vie à Internet. Vous n'êtes pas obligé de transformer chaque instant en contenu. Vous n'avez pas besoin d'être constamment disponible, constamment visible ou constamment parfait.

La véritable force de la confidentialité réside dans la liberté qu'elle offre. Elle vous permet d'être pleinement vous-même sans avoir à transformer votre personnalité en produit optimisé pour les algorithmes. Elle vous donne l'espace nécessaire pour réfléchir librement, communiquer avec authenticité et créer des relations sincères sans craindre que vos données soient exploitées, mal utilisées ou mal interprétées.

Face aux géants de la technologie, il est facile de se sentir impuissant. Après tout, ces entreprises disposent de milliards d'utilisateurs, d'équipes d'ingénieurs et d'algorithmes capables d'influencer les comportements à l'échelle mondiale. Pourtant, vous n'avez pas besoin de combattre tout le système pour reprendre du pouvoir. Il vous suffit de faire des choix conscients concernant votre utilisation des technologies. Choisir où vous naviguez. Choisir ce que vous publiez. Choisir qui vous autorisez à entrer dans votre espace numérique. Choisir ce que vous protégez et ce que vous décidez de laisser partir.

Commencez modestement. Passez en revue vos comptes. Nettoyez vos profils. Ajustez vos paramètres de confidentialité. Déconnectez-vous plus souvent. Limitez ce que vous partagez et retardez certaines publications lorsque cela est pertinent. Pratiquez une utilisation réfléchie plutôt que des réactions impulsives. Éloignez-vous de votre fil d'actualité lorsqu'il devient davantage une source de stress qu'un outil utile. Apprenez à vos enfants à valoriser leur vie privée dès leur plus jeune âge. Encouragez également vos proches à faire de même.

N'oubliez jamais que votre empreinte numérique est vivante. Elle évolue à chaque publication, chaque photographie et chaque interaction. Cela signifie également qu'elle peut être réorientée, améliorée et reprise en main. Vous n'êtes pas prisonnier des choix de votre passé. Vous n'êtes pas enfermé dans l'algorithme de quelqu'un d'autre. Vous n'êtes pas simplement un utilisateur. Vous êtes un participant, et les participants possèdent un pouvoir réel.

Votre parcours ne s'arrête pas ici. En réalité, il ne fait que commencer. Chaque jour, vous serez confronté à des décisions concernant ce que vous souhaitez partager, ce que vous voulez protéger et la manière dont vous choisissez d'interagir avec le monde qui vous entoure. Avec les bonnes connaissances et le bon état d'esprit, vous pouvez transformer les réseaux sociaux en outils de croissance, de connexion et de créativité sans sacrifier votre liberté, votre vie privée ou votre tranquillité d'esprit.

Vous n'avez pas besoin d'être un expert en cybersécurité pour prendre de meilleures décisions numériques. Vous avez simplement besoin de conscience et de vigilance. Et désormais, vous possédez ces outils.

Alors utilisez ce que vous avez appris. Partagez ces connaissances avec les autres. Et commencez à vous présenter en ligne selon vos propres choix, et non selon les attentes imposées par les plateformes.

Car au final, la chose la plus puissante que vous puissiez faire est simple :

Prenez possession de votre présence numérique.

Protégez votre vie privée.

Et n'oubliez jamais une chose :

Vous êtes aux commandes.

www.ingramcontent.com/pod-product-compliance
Lightning Source LLC
LaVergne TN
LVHW040521210926
848480LV00007BA/1538
9798240930805